coleção fábula

SYLVIA

MOLLOY

FIGURAÇÕES
ENSAIOS CRÍTICOS

organização
PALOMA VIDAL

posfácio
ADRIANA KANZEPOLSKY

tradução
GÊNESE ANDRADE

editora 34

SUMÁRIO

I

De longe:
a escrita na intempérie 8

Direito de propriedade:
cenas da escrita autobiográfica 16

A questão do gênero:
propostas esquecidas e desafios críticos 32

II

Sarmiento, leitor de si mesmo em
Recuerdos de provincia 44

Victoria viajante:
crônica de uma aprendizagem 60

"Uma tosca estatueta de barro":
figuração de Alejandra Pizarnik 82

III

Desejo e ideologia no final
do século XIX 98

A política da pose 120

Segredo de polichinelo:
deslocamentos lésbicos em
Teresa de la Parra 134

IV

Traduzir Borges 160

Jorge Luis Borges, confabulador 174

Borges viajante:
notas sobre *Atlas* 186

Citação e autorrepresentação na obra
de Borges 194

POSFÁCIO
Intervenções críticas/Inscrições subjetivas 208
ADRIANA KANZEPOLSKY

DE LONGE:
A ESCRITA NA INTEMPÉRIE

> Chega-se a um lugar sem ter partido
> de outro, sem chegar.
> SILVINA OCAMPO,
> *Invenciones del recuerdo*

Há algum tempo, uma pessoa que preparava um verbete biográfico sobre mim para um dicionário me telefonou. Pediu-me dois dados: um, que confirmasse minha data de nascimento; o outro, que lhe explicasse uma frase que havia encontrado algumas vezes em contracapas de meus livros: "Uma vez por ano, viaja à Argentina". Por que motivo eu viajava — queria saber. Eu ministrava algum seminário regularmente em Buenos Aires? Tinha alguma afiliação (foi o termo que usou) fixa com alguma instituição argentina? Eu respondi a ela que não, que eram viagens... mas que viagens eram essas? Sem saber muito bem o que dizer a ela, falei "viagens livres", como quem indica "tema livre" nas redações escolares, querendo dizer (já um pouco incomodada com a expressão pouco feliz e por ter que dar explicações a um desconhecido) que não correspondiam a nenhuma obrigação precisa. Fiquei de péssimo humor; sentia que não havia respondido "bem" porque havia cedido ao fantasma do enraizamento: queriam situar-me em um lugar e em uma atitude precisa sobre esse lugar. Mas sobretudo fiquei desconcertada, embaralhando ideias e sentimentos que a pergunta havia suscitado, noções como liberdade, obrigação e sobretudo essa *afiliação* que trazia consigo, necessariamente, a ideia de *filiação*.

De fato, minha relação com a Argentina foi, durante muito tempo, trabalho de filha; ainda hoje é, em certa medida, assunto de família, termo que uso de maneira muito ampla, já que não estou em contato com minha família biológica. Quando fui embora pela primeira vez, em 1958, pensava que voltaria para a casa de meus pais. Afinal, ia simplesmente cursar uma licenciatura na França. Mas quando voltei, logo depois saí da casa familiar para viver em uma casa que era minha, só minha. O período que passei na Argentina então, nos anos 1960, surge como algo mágico em minha lembrança. Teve a intensidade de uma descoberta tardia e estimulante daquilo que antes de ir embora eu não havia sabido reconhecer totalmente: a prática conjunta da literatura, da política, dos afetos, com opções pelas quais me responsabilizava abertamente e que seriam decisivas. E ainda assim fui embora da Argentina novamente em 1967, não porque me sentisse desconfortável (embora fosse o início de um período político nefasto), mas porque de algum modo já havia partido e, no fundo, sabia disso. Sergio Chejfec costuma citar uma frase de Leonardo Sciascia: "Quem cometeu o erro de ir embora, não pode cometer o erro de voltar". Não sei se, em meu caso, cometi um erro ao voltar daquela primeira viagem, mas sei que intuía uma nova partida.

Dessa segunda vez, fui embora menos convencida de que voltaria. Aceitei um posto de três anos nos Estados Unidos e, apesar de haver me assegurado de antemão de que poderia renunciar após um ano se a experiência não desse certo, viajei com a maior parte de meus livros em um pequeno baú, o que era quase viajar com a casa nas costas, como se dizia em certa época. A maioria eram livros franceses, o que me valeu o minucioso escrutínio de um agente da alfândega nova-iorquina convencido de que uma edição francesa de *Tristes trópicos*, em um idioma que ele não compreendia, com um retrato de um índio tupi na capa, com a declaração "*Tous droits réservés, y compris l'URSS*" [Todos os direitos reservados, inclusive na URSS] e em um baú proveniente da América Latina, era claramente um livro subversivo, inclusive comunista. "*This is a Cuban book*" [É um livro cubano], asseverou, muito satisfeito. Foi a primeira vez que senti que ser outro podia tornar-se algo perigoso. Mas, por sorte, o funcionário da alfândega se distraiu, não chamou seus superiores. Continuou escavando, ficou encantado com um peso para papéis com uma borboleta tropical empalhada que encontrou entre meus livros e o mostrou a um colega: "*Look, Bill, what the girl has in her suitcase*" [Olha o que a garota tem na mala, Bill]. Assegurei a ele que era proveniente de "*my country*" [meu país] e sem mais entrei no país, sob o signo do realismo mágico. Fiquei um ano; depois outro; fui ficando. A viagem deixou de ser viagem, sem por isso desaparecer; transformou-se em mudança de vida, vida em movimento, embora isso eu só fosse reconhecer muito depois.

Morar fora é sem dúvida libertador, para não dizer egoísta: a gente não se sente responsável pelo "aqui", porque as verdadeiras obrigações supostamente estão "lá": ou pelo menos era assim. Devo dizer que experimentei com lucro o "luxo moral", para usar uma expressão que ouvi de María Negroni, que, salvo em circunstâncias iniludíveis — o protesto contra a guerra do Vietnã, digamos por exemplo —, permitia que eu não tomasse partido. "Eu, argentina." A expressão que, descaradamente, se usa para justificar o "não se meta" ganhava nesse contexto uma literalidade e uma lógica impecáveis: como estrangeira, não me cabia intervir, era como estar em casa alheia. Mas, insidiosamente, aparecia no "aqui" asséptico do desterro outro tipo de obrigações, impostas pelo novo contexto cultural. Ser outro, em qualquer grupo que se quer homogêneo, significa também *representar* esse outro, não só encarnar uma diferença, mas ter que explicá-la, torná-la aceitável. Do outro anônimo que se aspira ser, passa-se a ocupar o lugar do *native informant* (expressão da qual a tradução habitual, *agente cultural*, não dá conta), ou seja, um "informante" chamado a traduzir sua cultura para que o outro a entenda e o aceite. Porém, como costuma acontecer com as traduções (assim como com os questionários antropológicos), em geral se pede ao informante para confirmar o que já se acredita saber. Assim, me flagrei mais de uma vez tentando "explicar" a literatura argentina para aqueles que só viam realismo mágico do México à Patagônia, ou tentando convencer os que queriam me ouvir (em geral, muito poucos) de que o poeta Juan L. Ortiz era uma voz tão maravilhosa como a de Pablo Neruda. A borboleta tropical tornava-se um salvo-conduto insidioso, de dois gumes.

Com frequência, penso em outros que, em circunstâncias mais desconfortáveis, se viram obrigados a exercer seus papéis de *native informants*, em situações mais difíceis do que a minha. Penso, por exemplo, nos intérpretes, principalmente em situações de conquista, seja bélica, seja cultural, que são permanentemente objeto de desdém. Traduzem sua cultura para o outro e, ao fazê-lo, se afastam duplamente dos dois interlocutores: daquele com o qual compartilha uma cultura e pensa que talvez o esteja traindo e do estrangeiro para o qual traduz e que também suspeita que ele o está enganando. O intérprete perde o pé, perde autoridade, *desprezam-no*. Fica permanentemente *entre* culturas, suspenso. Penso por exemplo em certos encontros coloniais. Estevanico, intérprete escolhido por Álvar Núñez Cabeza de Vaca apenas pelo fato de encarnar biograficamente esse *entre* — é mouro, convertido e fala mais de uma língua —, que atua como intérprete entre espanhóis e indígenas, cujas línguas ignora totalmente. Ou em Felipillo, intérprete de Francisco Pizarro na conquista do Peru, e em sua inepta explicação da trindade católica para Atahualpa ("três mais um" em vez de "três em um"), a qual desencadeia o mal-entendido e, dizem, a queda do Império. E penso também nos *native informants* que dizem ao explorador e colecionador John Paul Stevens, na viagem que este realizou a Yucatán, que as ruínas de Copán são "muito antigas", sem fixar uma data precisa, frase que para o viajante norte-americano revela uma indiferença que justifica seu saque. Embora a sorte daquele que vai morar fora não seja tão precária como a do intérprete, ambos compartilham a mesma instabilidade e o mesmo risco de, em alguma medida, não serem entendidos.

Como se escreve a partir de outro lugar e o que ocorre com a cena da escrita quando é deslocada? Como se tecem as sutis relações entre autor, língua, escrita e nação? A estrangeiridade de um texto começa na distância geográfica, no uso de outra língua, ou no desvio do olhar crítico? E, por último, que comunidade de leitores e que contexto de leitura o texto do escritor desterrado convoca? Estas são perguntas que me faço, não para encontrar resposta — não há resposta —, mas para manter vivo um diálogo, não sei muito bem com quem. A relação do escritor deslocado com seu novo lugar — ou lugares — de escrita sem dúvida varia, mas penso que pode resumir-se em duas palavras: desconfiança e desassossego. Escrever fora aumenta a insegurança de toda cena de escrita ao tornar tangível uma estranheza que, se beneficia a escrita, pode ser fonte de incômodo: estou sendo notada? As surpresas linguísticas ocorrem diariamente, até mesmo com o mais aguerrido: quando passeio pelos arredores de Nova York e vejo em uma granja um cartaz que diz *"Hay"*, não me ocorre pensar que vendem feno, me pergunto *"Qué es lo que hay?"*.*

Depois de anos morando fora, continuo lendo primeiro em castelhano, embora não conte isso para ninguém.

Mas não é preciso mudar de língua para experimentar a estranheza. A mesma língua que a gente levou para fora, a que era caseira, por assim dizer, ao ser transplantada, se desfamiliariza, se torna outra, é e não é totalmente a língua dessa *homeland* que se deixou para trás. Tem-se a sensação, às vezes, de estar falando-a entre aspas. Vacila-se entre níveis de língua: *procurar* ou *buscar*? Guarda-se uma língua para a escrita — em meu caso, um espanhol neutro, mas cautelosamente coberto de argentinismos — e outra para a comunicação falada, em que, por exemplo, a argentina que sou evita esses mesmos argentinismos: nada de *macanas*, ou de *pichinchas*, ou de termos que caíram em desuso, como, por exemplo, *presumido*,** que implacavelmente fixam o autor em uma época e em um país precisos, como o Julio Cortázar de *O jogo da amarelinha*. E se o deslocamento altera a língua, também a imaginação perde apoio, literalmente se aliena. "Chega-se a um lugar sem ter partido/ de outro, sem chegar", escreve Silvina Ocampo em *Invenciones del recuerdo*. Escrever fora propõe sempre esse vaivém: não se chega nem se regressa totalmente. No melhor dos casos, a gente sente que participa de dois mundos, o que deixou e o que habita. No pior — talvez o mais frequente —, sente que não participa de nenhum. O sentimento liberta e ao mesmo tempo obseda. O mundo que se deixou, pensado à distância, adquire uma aura nostálgica que nem sempre beneficia a escrita se for levado a sério demais: penso no caso de um Ricardo Güiraldes, que imagina um retorno ridiculamente sentimental ao "pampa de sempre" para seu personagem Raucho no romance homônimo. Mas quem escreve fora hoje em dia, longe de nacionalismos essencialistas, quando nada é "de sempre", ao fabular

---

*   A palavra "hay", em castelhano, corresponde à terceira pessoa do verbo "haber", em português "haver". A tradução da frase em português, "O que é que há", no corpo do texto, não permitiria compreender a relação estabelecida pela autora. [N.T.]

**   *Macana*: mentira ou exagero; a expressão *"Qué macana"* indica contrariedade. *Pichincha*: pechincha. *Presumido*: presunçoso. [N.T.]

retornos a uma *homeland* fantasmática, evita decididamente os finais felizes *à la* Güiraldes. Penso em "A visita ao museu", relato brutal e ao mesmo tempo sardônico de Nabokov; em "El viaje sentimental", de Edgardo Cozarinsky; em "Regreso", de Calvert Casey; ou em "Viaje a La Habana", de Reinaldo Arenas. São relatos a uma *homeland outra*, a partir de *outro* lugar e em *outra* língua. Às vezes literalmente: o inglês de Nabokov, o espanhol algo americanizado de Casey, o "inglês de estrangeiro" de Cozarinsky que, dando mais um passo, depois se autotraduz para o castelhano "para que o próprio original se torne tradução": ou seja, para que fique estranhado.

Penso que o fato de ter me criado bilíngue, quase trilíngue, instaurou muito cedo em mim, muito antes de sair da Argentina, essa sensação de estranheza, esse "não estar de todo" (a expressão é de Felisberto Hernández) que para mim se dava sobretudo no nível da língua. Ser bilíngue é falar sabendo que o que se diz está sempre sendo dito em *outro* lugar, em muitos lugares. Esta consciência da inerente raridade de toda comunicação, este saber que o que se diz é desde sempre *alheio*, que o falar sempre implica insuficiência e sobretudo duplicidade (sempre há *outra* maneira de dizer), é característica de qualquer linguagem, mas, na ânsia de estabelecer contato, esquecemos disso. Recordo que há muito tempo, antes de minha primeira saída da Argentina, encontrei em um texto de Valery Larbaud uma frase memorável. Em uma lista de recomendações literárias, ele anotava como mandamento para todo escritor: *"Donner un air étranger à ce qu'on écrit"* [Dar um ar estrangeiro ao que se escreve]. O conselho pareceu-me brilhante, porque transformava o que eu percebia como falha em vantagem, às vezes moda, mas vantagem enfim. Dava permissão, também para mim, para escrever "em tradução", e assim fiz no começo para me familiarizar com minha escrita.

Quanto às perguntas se pretendo voltar ou, mais contundente, por que não volto, que me fazem com certa frequência — ou me faziam: penso que a idade tem a ver com isso —, digo que elaboro ficções pessoais de regresso, ficções que inclusive se transformam em romances. Essas ficções dependem fortemente do lugar, tanto geográfico como psíquico, a partir do qual são elaboradas. Ali se fixam, mas também crescem de maneiras diversas. Não é a mesma coisa elaborar uma "pátria" fantasmática estando em Paris (foi o caso de *En breve cárcel*) e elaborá-la em Nova York, como em *El común olvido*. O cotidiano sempre deixa sua marca, também quando se está "fora": estabelece seus costumes, condiciona a memória, se entretece com a recordação, permite inventar — mais exatamente reinventar — o familiar. Antes de tudo, trata-se de um trabalho de contaminação, paradoxalmente saudável, reconfortante. É assim que em distintos momentos, em distintas latitudes — e evidentemente em distintas bibliotecas —, a gente lança mão do país de que precisa, e esse país está composto de várias recordações, de fabulações a partir dessas recordações, de leituras que a gente convoca do arquivo, mas também e sobretudo de desejos e de traumas presentes. Digo trauma porque creio que nesses momentos a necessidade de reerguer um lugar de origem é muito forte. Eu lembro (e já contei isso) que nos dias que se seguiram ao ataque às Torres Gêmeas, as recordações de Buenos Aires me visitavam como nunca. Fazia calor, embora estivéssemos no começo do outono. Apesar de estar em plena Nova York, reinava um silêncio quase rural, semelhante ao do bairro bonaerense em que cresci. Ouviam-se helicópteros, parecidos com os que eram ouvidos em Buenos Aires durante a ditadura. Até um cachorro que eu ouvia latindo toda tarde em um apartamento próximo me recordava um cão que latia na casa atrás da nossa em Olivos, quando eu era pequena. O medo do insólito me levava a construir uma cena sobre a qual podia exercer algum controle, com o único instrumento à minha disposição, a recordação. A partir daí, minha memória ficou irremediavelmente contaminada, e aceito essa contaminação. Foi a partir dessa experiência que comecei a escrever, de modo contínuo, os relatos mais ou menos autobiográficos de *Varia imaginación*. Era — é — uma maneira de regressar. De regressar, esclareço, para possivelmente voltar a ir embora.

DIREITO DE PROPRIEDADE: CENAS DA ESCRITA AUTOBIOGRÁFICA

Se, depois de eu morrer, quiserem escrever a minha biografia,
Não há nada mais simples.
Tem só duas datas — a da minha nascença e a da minha morte.
Entre uma e outra coisa todos os dias são meus.
FERNANDO PESSOA

Vida minha, longe mais te quero.
OSVALDO E EMILIO FRESEDO

Sinto que estou na precária situação de estar falando com vocês a partir de duas perspectivas diferentes. Uma, a de romancista, outra, a de crítica. Há anos, venho dizendo que, teoricamente, essas duas perspectivas não existem, sustentando que simplesmente são modulações, ou, como diria Borges, entonações, de minha escrita. Entretanto, ao pensar no tema que proponho, as realidades da ficção, sinto que caí em minha própria armadilha. Os comentários que se seguem, nos quais me deterei em certos exemplos — cenas de leitura, por assim dizer, em que o ficcional aparece em perversa relação com o real e em que este último termo adquire múltiplos e às vezes contraditórios significados —, buscarão esclarecer esse dilema.

Há algum tempo, um crítico me escreveu com uma insólita pergunta. Ele estava escrevendo a biografia de Alejandra Pizarnik, de quem, sabia, eu tinha sido amiga. Ele também havia lido meu primeiro romance, *En breve cárcel*, e dizia que havia chamado sua atenção a semelhança entre a protagonista, que ele chamava de "a escritora", e Pizarnik. "Há alguma relação?" — perguntava. E como para eliminar qualquer negativa, acrescentava: "Não acredito nas coincidências".

Minha primeira reação, visceral, foi de raiva diante do que senti como um furto. Como essa pessoa podia pensar que era a vida de Pizarnik quando era a minha? Passei a responder, fora de mim, por assim dizer. Indiquei a meu interlocutor que não, não se tratava de forma alguma da vida de Pizarnik, que lamentava decepcioná-lo, mas que se tratava de... de quê? Consciente demais, de um ponto de vista crítico, das estratégias (e artimanhas) do trabalho autobiográfico, habituada demais a dizer que, mais do que textos autobiográficos, há leituras autobiográficas, não podia dizer, simplesmente, "de mim" ou "de minha vida". Também não podia dizer "de minha autobiografia" porque era claro que se tratava de um romance, escrito, por outro lado, em terceira pessoa. Recorri, um pouco incomodada, à perífrase, observando que "O romance baseia-se inteiramente em material autobiográfico meu" (como no caso da maior parte de minha ficção) e acrescentando, como nessas advertências de certos filmes ou séries televisivas, que "qualquer semelhança com x é por certo mera coincidência".

Disse que senti a necessidade de corrigir, mas ao mesmo tempo não pude dizer que era "minha vida" ou "minha autobiografia", e optei pelo tristemente opaco "material autobiográfico meu". Não creio que essa frase, por mais que pareça pretensiosa, fosse casual (eu também não acredito muito nas coincidências, salvo quando me convém). Os próprios termos eram reveladores: de repente, "minha vida", eu mesma, adquiria *materialidade*, se transformava em um *bem* do qual eu era dona. Em última instância, minha vida era uma *propriedade* sobre a qual eu queria ter *direito*, e esse direito se via ameaçado por um leitor intruso que buscava atribuir-lhe um novo dono. Essa tentativa de monopolizar a vida para si, como se esse gesto a tornasse possessão tangível, é tão ingênua quanto ineficaz. "Não quero emprestar minha vida", diz o sujeito, como uma criança que não quer compartilhar um brinquedo, sem perceber que, pelo mero fato de escrevê-la, já a emprestou à literatura, e a literatura, como bem sabemos, "já não [é] de ninguém, nem mesmo do outro, mas da linguagem ou da tradição".[1] Tudo isso *eu sei*, ou seja, sei razoavelmente, mas o para-além-da-razão não quer saber e se sente despojado.

Permitam-me outro exemplo para complicar um pouco mais as coisas. Há algum tempo, me telefonou uma colega da Universidade da Califórnia, que havia incluído *En breve cárcel* no programa de seu curso: "Você não imagina como meus alunos o estão lendo", me anunciou. Eu deveria ter me

---

1   Jorge Luis Borges, "Borges y yo", in *Obra completa*. Buenos Aires: Emecé, 1974, p.808 ["Borges e eu", in *O fazedor*, trad. Josely Vianna Baptista. São Paulo: Companhia das Letras, 2008, p.54].

mostrado indiferente, ou ter respondido algo pedante como "todo leitor tem direito de fazer sua leitura", mas fui vencida pela curiosidade. "Estão lendo-o como documento autobiográfico", ela me disse. Eu já havia me conformado com isso, mas acrescentou "alguns até o leem quase como caso clínico, o caso de uma lésbica abusada sexualmente pelo pai". Previsivelmente explodi, duplamente irritada. Primeiro, por razões que se pretendiam técnicas. Estavam lendo-me a partir de uma perspectiva errônea, clínica e não literária, como documento médico e não como construção literária. Segundo, porque me senti atacada *pessoalmente*: como se atrevem a interpretar tão brutalmente um gesto de "um pai" que, por certo, tinha algo de "meu pai", mas que era, antes de tudo, personagem de ficção? Confesso que as duas leituras, a do crítico e a do estudante da Califórnia, continuam me incomodando, apesar de que não posso fazer nada. Nada, salvo talvez falar delas, como estou fazendo agora.

Por que o incômodo? Continuo me perguntando, pensando em instâncias célebres de apropriação de vidas que foram sujeito, seja de causas legais, seja de julgamento por parte da opinião pública. Dou um exemplo, o de David Leavitt, que tomou um episódio da autobiografia de Stephen Spender, *World Within World* (1951), para escrever um romance, *While England Sleeps* (1993), realizando algumas alterações (nomes diferentes, outro desfecho) e acrescentando cenas explicitamente homossexuais a um texto que, em sua escrita, optou deliberadamente pelo não dizer. Spender ameaçou levar a questão à justiça e a editora negociou, comprometendo-se a mandar a totalidade da primeira edição para a fragmentadora e a publicar uma segunda edição com emendas e uma advertência. Antes de que se chegasse a esse acordo, entretanto, os dois escritores escreveram suas respectivas autojustificativas no *New York Times*. Para esclarecer sua posição, Leavitt escreveu um artigo intitulado "Did I Plagiarize His Life?" [Plagiei a vida dele?].[2] Spender respondeu pouco depois, com outro artigo, "My Life is Mine:

2 David Leavitt, "Did I Plagiarize His Life?". *The New York Times Magazine*, 3 abr. 1994, pp.36-37.

It is Not David Leavitt's" [Minha vida é minha, não de David Leavitt], observando que:

> A resposta a essa pergunta é que não se trata do plágio de uma vida. É o plágio de uma obra, já que, segundo a definição do dicionário, plágio é "a ilegítima apropriação ou furto, e publicação com o próprio nome, de ideias, ou da expressão de ideias (de índole literária, artística, musical, mecânica etc.) de outra pessoa".[3]

Esse argumento de Spender, eminentemente razoável (a acusação de plágio textual constitui uma das bases da petição judicial de Spender), não se sustenta ao longo do artigo, a partir do próprio título, "My Life is Mine: It is Not David Leavitt's". Minha vida é minha, diz Spender, minha vida não é de David Leavitt. Note-se que não diz "meu livro", nem "meu texto", nem "minha autobiografia": diz "minha vida". Mais uma vez, o direito de propriedade prevalece sobre a vida, enquanto existência feita materialidade, e não sobre a escrita.

Chamo a atenção para certos aspectos dessa contenda que sem dúvida foi parte importante dos debates intelectuais no mundo anglo-saxônico em 1994 e 1995. Detenho-me brevemente em um conceito legal que, para além da acusação de plágio, Spender também invocou em seu processo. É a doutrina do direito moral do autor sobre sua obra, direito formulado no convênio de Berna de 1886. Conceito válido em toda a Europa (e só ocasionalmente invocado nos Estados Unidos, onde prevalece a lei da propriedade intelectual), o direito moral se distingue do direito de propriedade no que se refere ao artista, mais do que à obra:

> Independentemente dos direitos econômicos do autor, e mesmo depois da transferência dos referidos direitos, o autor terá direito de reclamar a autoria da obra e opor-se a qualquer distorção, mutilação

---

3   Stephen Spender, "My Life is Mine: It is Not David Leavitt's". *The New York Times*, 4 set. 1994, seção 7, p.10.

ou modificação da mesma, ou qualquer outra ação depreciativa em relação à referida obra que prejudique sua honra ou sua reputação.[4]

O direito moral é um direito da personalidade e não da obra, corresponde, como bem observa um especialista, a uma concepção de autoria do século XIX que perdura até hoje, "a concepção romântica do criador da obra como o 'autor' de cuja personalidade a obra é exemplo. A obra é considerada extensão do ser do autor. Em certo sentido, a obra é o autor".[5]

Dizendo em outras palavras, ao processar Leavitt, Spender está fazendo valer seu direito já não sobre um texto, e sim sobre uma *pessoa*, a sua própria, no sentido literal do termo. Mas tratando-se de uma autobiografia, em que se poderia dizer que os dois — texto e pessoa — coincidem na construção daquilo que Gide, em seu diário, chamava um *"être factice préféré"* [ser factício de predileção], a questão se torna particularmente delicada. Eu tenho autoridade sobre minha vida, no sentido de que são minhas experiências, minhas vivências, meu existir. Como dizia Sor Juana: *De mí sé decir.* A expressão, tomada literalmente, é eloquente: eu *sei* falar de mim, *sei* relatar-me, como nenhum outro. Porém, tenho autoridade exclusiva sobre esse relato de minha vida, detenho acaso o *imprimatur* desse relato, a ponto de que há relatos de minha vida (meus ou alheios) que autorizo (como na expressão *biografia autorizada*) e outros que denuncio ou

---

4   *"Independently of the author's economic rights, and even after the transfer of the said rights, the author shall have the right to claim authorship of the work and to object to any distortion, mutilation or other modification of, or other derogatory action in relation to, the said work, which would be prejudicial to his honor or reputation."* "Berne Convention for the Protection of Literary and Artistic Works". Disponível em: <www.wipo.int/treaties/en/ip/berne/>.

5   *"The author's rights embodies the Romantic notion of the creator of the work as the 'author' whose personality is exemplified in the work. The work is considered an extension of the author's being. In some sense the work is the author. The copyright approach, on the other hand, views artistic works as literary and artistic property."* Sheri Lyn Falco, Esq. "The Moral Rights of *Droit Moral*: France's Example of Art as the Physical Manifestation of the Artist", *Archive*, v. 2, n.206, s.d.

busco censurar porque não sabem *dizer-me*, porque me *maldizem*? É possível que haja somente *a* vida de um indivíduo e não *uma* vida, como no título de Borges, "Uma vida de Evaristo Carriego", ou seja: *uma das muitas possíveis*? O próprio Spender, em sua autobiografia, rejeita a noção de um relato de vida monógrafo, aceitando (em princípio) a inevitabilidade de um relato plural:

> Na realidade, o autobiógrafo escreve o relato de duas vidas; a sua, tal como lhe aparece, de sua própria perspectiva, quando olha o mundo a partir de seus olhos; e sua vida tal como aparece na mente de outros, vista de fora, perspectiva essa que tende a tornar-se em parte também perspectiva própria, já que se sofre a influência da opinião desses outros.[6]

Mas, cuidado: na realidade do exercício autobiográfico, a ou as perspectivas dos outros somente se tornam perspectiva própria quando harmonizam com a do autobiógrafo. Uma perspectiva dissidente (ou simplesmente inesperada, como a de Leavitt) é rejeitada com veemência e "na hora da verdade", para usar uma frase trivial surpreendentemente apropriada, prevalece o relato próprio: o que eu sei é meu, o que eu sei é verídico porque sou eu que digo.

Ao estender-se em detalhe sobre a ilegitimidade do romance de Leavitt, o ensaio de Spender, para além de seu título equívoco, confunde conceitos e acrescenta outros critérios. Embora tente abrir processo alegando o não respeito aos direitos do autor e ao direito moral, em seu comentário incorre em críticas a Leavitt que ressaltam mais da ordem estética. Assim, por exemplo, ao observar que Leavitt, embora altere os nomes, *"almost exactly transcribed"*, transcreveu quase

---

6   *"An autobiographer is really writing a story of two lives; his life as it appears to himself, from his own position, when he looks out at the world from behind his eye-sockets; and his life as it appears from outside in the minds of others; a view which tends to become in part his own view of himself also, since he is influenced by the opinion of those others."* Stephen Spender, *"Author's Introduction"*, in *World Within World*. Nova York: Modern Library, 2001, p.xxvi.

exatamente um incidente de sua autobiografia, comenta de forma depreciativa:

> Faz, sim, algumas alterações. Em sua versão, Edward-Jimmy é embarcado às escondidas e morre a bordo, da mesma morte piegas que o protagonista de *Eric, ou pouco a pouco*, o romance vitoriano de Frederic William Farrar que, muito no início deste século, se encontrava em todas as bibliotecas infantis (*small boys' libraries*).[7]

A alteração aqui se critica não por ser *alteração em si* (este seria o argumento baseado no "direito moral", que tem como uma de suas subdivisões o respeito pela integridade da obra), mas por ser alteração *esteticamente insatisfatória*. De novo, aparece a noção do *maldizer*, já não aplicada à representação do sujeito, mas sim à própria retórica. Para Spender, Leavitt leva o episódio em questão da lítotes ao dizer excessivo, melodramático, "de mau gosto", que, para Spender, parecia ser seu maior defeito. Spender encontra algo semelhante nos episódios explicitamente homossexuais que repudia, não porque revelem um segredo — "é evidente para qualquer leitor de [meu] livro que entre Jimmy e eu houve uma relação amorosa"[8] —, mas porque constituem um desenvolvimento "pornográfico" que, de novo, viola o sentido estético de Spender. "Os acréscimos fantasiosos do Sr. Leavitt à minha autobiografia, que me parecem pornográficos, por certo não correspondem à minha experiência ou à minha ideia de literatura."[9] A frase é ambígua: trata-se de "minha experiência" como quem diria "o que vivi", ou

---

7   "*He does make some changes; in his version Edward-Jimmy is smuggled onto a ship, where he dies in the manner of the hero's bathetic death in Frederic William Farrar's Victorian novel 'Eric: Or, Little by Little', which in the early part of this century was in all small boys' libraries.*" Stephen Spender, "My Life is Mine: It is Not David Leavitt's", op. cit.

8   "*It will be clear to any reader of the book that between Jimmy and myself there had been a love relation.*" Ibid.

9   "*Mr. Leavitt's fantasy accretions to my autobiography, which I find pornographic, certainly do not correspond to my experience or to my idea of literature.*" Ibid.

seja, mais uma vez, "minha vida", ou é "minha experiência de literatura"? É aqui que a noção de "personalidade" se torna confusa, passando de conceito legal — a personalidade autoral — a conceito estético, a conceito vivencial, e sobretudo a conceito *representacional*. O romance de Leavitt incomoda Spender não só porque é plágio ou empréstimo não autorizado de sua autobiografia, mas porque macula sua personalidade, é uma representação de sua pessoa que considera indesejável, que o "deixa mal", tanto em seu comportamento literário (esse "dizer tudo" melodramático a que ele, Spender, nunca recorreria) como em seu comportamento sexual (os detalhados, desaforados encontros entre homens): em suma, uma representação na qual Spender *não se reconhece*: eu não sou eu.

Porém, como o leitor sabe que se trata de uma representação de Spender? Para bem ou para mal, Leavitt não o menciona em seus agradecimentos no início do romance, declarando que havia sido sua intenção fazer isso, mas que "o advogado de Viking Penguin o aconselhou a omitir a referência".[10] Seja verdade ou não, isso não tem importância. O que importa aqui é que Spender (mais exatamente os amigos que o alertaram quanto à semelhança entre o livro de Leavitt e o dele) *sabe*, ou seja, *reconhece* uma imagem de si ("esse sou eu") e no ato mesmo a repudia ("não sou esse eu") ou talvez melhor: "esse é um eu que não quero ser". Ou seja — e o paradoxo é só aparente —, é o próprio Spender que, ao chamar a atenção sobre o suposto roubo de Leavitt, levando o assunto ao domínio público e legal, confirma a identidade do personagem do romance de Leavitt. Identifica-se com o personagem de *While England Sleeps* com o propósito específico e simultâneo de desidentificar-se.

O processo de identificação e desidentificação não termina aí. Aproveitando a controvérsia, St. Martin's Press decide alguns meses mais tarde voltar a publicar *World Within World* de Spender, esgotado havia muitos anos. As resenhas do *Publishers Weekly* e do *Library Journal*, órgãos de divulgação do mundo editorial e bibliotecário, mencionam espe-

10 David Leavitt, "Did I Plagiarize His Life?", op. cit.

cificamente a disputa, o primeiro referindo-se ao "processo por plágio" de Spender, o segundo destacadamente mais explícito: "O livro foi também objeto de controvérsia quando a relação homossexual de Spender foi ficcionalizada em um romance pornográfico. Spender abriu um processo e o romance foi enviado para destruição. Esta edição contém uma nova introdução do autor".[11] Alguns anos mais tarde, a Modern Library publicou *World Within World* em sua coleção de clássicos e incluiu a resposta de Spender a Leavitt em um posfácio. Dessa vez, a própria orelha do livro chama a atenção explicitamente para a controvérsia e identifica Leavitt como autor do discutido romance.[12] Ou seja, daí em diante, não é só o romance de Leavitt que incorpora (supostamente de modo ilegítimo) a autobiografia de Spender, mas é a autobiografia que, em seu mais recente avatar, postula como pré-texto o romance de Leavitt. Legítimo ou não, o romance de Leavitt passou a fazer parte da autobiografia de Spender. Tanto é assim que Spender, talvez sem ter totalmente consciência da tácita aceitação desse pretexto que essas palavras supõem, escreve que as controvérsias "sobre o plágio, a natureza da biografia e o tratamento da homossexualidade" o "forçaram a considerar se queria reescrever trechos de meu livro aproveitando mudanças de atitude políticas, sociais e literárias. Entretanto, com exceção de um novo prefácio, decidi conservar o texto de *World Within World* exatamente como era em 1950".[13] Só que o texto, depois do

11   "*The book was also the center of controversy when Spender's homosexual affair was fictionalized in a pornographic novel. Spender sued, and the novel was pulled. This edition contains a new introduction by the author.*" Library Journal, Copyright 1995, Reed Business Information, Inc.

12   "*Out of print for several years, this Modern Library edition includes a new Introduction by the critic John Bayley and an Afteword Spender wrote in 1994 describing his reaction to the charges that David Leavitt plagiarized this autobiography into a novel.*" Orelha de World Within World, op. cit.

13   "*I am now 85, old enough to see new controversies surrounding my book, controversies that have involved the issue of plagiarism, the nature of biography and the treatment of homosexuality in literature. I have been forced to consider whether I would have wanted to rewrite portions of my book to take advantage of changed political, social and literary attitudes. However, except for a new introduction, I have decided to keep the text of World*

romance de Leavitt, já não será nunca mais "exatamente como era em 1950".

Ao referir-se abertamente à controvérsia, a orelha da edição da Modern Library recorre a uma insólita frase: David Leavitt, diz, "*plagiarized this autobiography into a novel*", literalmente "plagiou essa autobiografia o romance", como quem diz traduziu-a a romance, ou transformou-a em romance. Esse uso do verbo *plagiar* é tão insólito como agramatical, tanto em inglês como em espanhol. *Plagiar* (recorro mais uma vez à definição do dicionário que o próprio Spender citava) é "a ilegítima apropriação ou furto, e publicação com o próprio nome, de ideias, ou da expressão de ideias (de caráter literário, artístico, musical, mecânico etc.) de outra pessoa". Supõe reprodução idêntica, não alteração nem transformação de uma coisa em outra. Porém, nesse caso, de fato, há alteração, há uma *transposição* que Spender não menciona nunca, e é a *mudança de gênero*. Com o material tirado da *autobiografia* de Spender (um episódio de dez páginas, segundo Leavitt; de trinta, segundo Spender), Leavitt escreve um *romance em terceira pessoa* e esse romance, embora possa aspirar a refletir mentalidades, não necessariamente propõe ser fiel a acontecimentos reais. *And yet, and yet*, como diria o mestre. Em um movimento algo perverso, Leavitt declara que se trata não só de um romance, mas de um *romance histórico*, ou seja, "um romance que em parte deriva de um episódio registrado na autobiografia de Spender, *World Within World*, e também comentado em seus diários publicados e em vários outros livros sobre a época". E se pergunta em seguida: "Por que escolhi escrever sobre esse episódio? Pelo motivo habitual do romancista: havia se apossado de minha imaginação e não a largava".[14] Ou seja,

---

Within World exactly as it was in 1950." Stephen Spender, "Author's Introduction", in ibid.

14 "*I had only written a novel — a historical novel — derived in part from an episode recorded in Spender's autobiography World Within World, and touched upon as well in his published journals and numerous other books about the period. [...] Why did I choose to write about this episode? The novelist's usual reason: it caught my imagination and wouldn't let me go.*"David Leavitt, "Did I Plagiarize His Life?", op. cit.

While England Sleeps é, sim, uma construção da imaginação inspirada em um fato real inserido em um acontecimento histórico comprovável (a Guerra Civil Espanhola), acontecimento histórico sobre o qual o autor Leavitt fez pesquisa documental e ao qual se refere pontualmente. Essa documentação provém de "vários livros" de história, mas, sobretudo, provém de uma *autobiografia* à qual Leavitt (renovando, sem o saber, o debate do século XIX sobre o gênero) habilmente atribui status histórico. *World Within World*, de Spender, tornou-se imediatamente documento, como os "vários outros livros" que dão fé de uma época.

Venho usando termos como *vida*, *ser* e *realidade* de forma um pouco descuidada, eu sei. E no exemplo que me tocava pessoalmente e que dei no início, recorri ao pretensioso "material autobiográfico", mas na realidade pensava "minha vida". No caso de Spender, ele usa o termo diretamente: *"my life"*. Essa atribuição de ser é simples reação paranoica diante do que se percebe como furto — furto pessoal, não textual — ou é algo mais?

Falei de textos e de personagens que, de um modo ou de outro — na leitura de um crítico, na apropriação que outro escritor realiza, na interpretação de um estudante — passam de texto escrito a existência ou algo que se *reconhece* como tal. Detenho-me nesse gesto de reconhecimento porque aparece a cada passo. Ao ler meu romance, o crítico acreditava reconhecer Pizarnik. Os alunos de minha amiga assumiam sem dúvida que se tratava do caso clínico Molloy. Os amigos de Spender o reconheciam no romance de Leavitt e posto de sobreaviso, o próprio Spender se reconheceu. Dirão que Pizarnik, Molloy e Spender são seres históricos que preexistem à escrita desses romances e que ao reconhecê-los no processo de leitura somente estamos fazendo uma leitura autobiográfica, à qual temos todo o direito. Porém recordo aqui que a autobiografia recorre aos mesmos métodos que a ficção para elaborar seu texto. O reconhecimento e a atribuição do ser, seja na leitura, seja na escrita, não dependem necessariamente da preexistência histórica do sujeito, mas sim da necessidade — talvez mais exatamente o desejo fervoroso — do leitor de projetar existência em todo personagem de ficção com o propósito de *reconhecer*. O leitor reconhece e identifica (ou reconhece e rejeita), colaborando assim no trabalho da ficção. Sem esse reconhecimento — que vai além do *effet de réel* barthesiano — não há ficção.

Esse processo de reconhecimento se complica, a meu ver, quando esse leitor que reconhece, ou quer reconhecer, se apropria do processo, quer ser dono do relato. Recorro mais uma vez a um exemplo pessoal (quem não gosta de falar de si?), desta vez com relação a meu segundo romance, *El común olvido*. Minha intenção nesse romance foi recriar, sim, fragmentos de uma realidade vivida por mim, na qual se misturavam experiências pessoais, anedotas ouvidas de outros, recordações pessoais e alheias, e boa parte de invenção. Não faltaram leitores que se reconheceram e se divertiram ao reconhecer esparsamente personagens, incidentes, alusões. Mas também houve aqueles que, amistosamente, não vou dizer que reclamaram, mas deixaram registrado seu desacordo: "na realidade, não foi assim, foi de outra forma" — ouvi mais de uma vez essa frase. Em vão eu dizia a eles que se tratava de um romance. "Sim, certo, mas isso ocorreu de verdade", me diziam. Eu tinha vontade de dizer a eles que, exatamente porque isso havia ocorrido de fato, podia também passar a ser ficção. Aqui recordo uma anedota de Olga Orozco, que uma vez contou uma anedota de sua avó a Oliverio Girondo. Meses mais tarde, ouviu Girondo narrar a mesma anedota, atribuindo-a à sua própria avó. "Mas isso aconteceu com *minha* avó, não com a sua", protestou. "Não importa, Olguita", Girondo respondeu a ela. "O importante é que aconteceu com alguém."

Isso me leva a considerar um terceiro texto, *Fragmentos de una infancia en tiempos de guerra*, de Binjamin Wilkomirski, livro que, ao inquietar a suposta realidade das três funções do ato literário — autor, leitor, mensagem —, convida a uma reflexão ainda mais complexa.[15] *Fragmentos* apresenta-se como a narrativa em primeira pessoa de um judeu polonês que passou parte de sua infância em um campo de

---

15   Binjamin Wilkomirski, *Fragmentos de una infancia en tiempos de guerra*. Trad. de Rolando Costa Picazo. Buenos Aires/México: Atlántida, 1997.

concentração e foi adotado no final da guerra por um casal de suíços. O relato, que a memória coletiva do holocausto pareceria tornar inquestionável, foi aclamado por leitores, por associações judaicas e pelo Museu do Holocausto, em Washington. Nas palavras de um crítico, o livro tinha "o peso de um século inteiro. A precisão fotográfica, impassível, do olhar de uma criança indefesa e as poucas palavras, pronunciadas em voz baixa, fazem dele um dos mais importantes testemunhos dos campos".[16] Não apenas isso: o livro foi aclamado pelos sobreviventes dos mesmos campos de concentração em que o autor havia estado, que se reconheciam no relato e recordavam (isto é, reviviam) os lugares, os eventos, os detalhes. A realidade evocada pelo livro não foi questionada. Foi assim pelo menos durante alguns anos.

Então começaram os questionamentos, as desconcertantes averiguações. Wilkomirski revelou não ser Wilkomirski, e sim um tal Bruno Doesseker, nascido Bruno Grosjean, que nunca havia saído da Suíça. Não era polonês, não era judeu, não era sobrevivente, era simplesmente um ser em disponibilidade que canibalizava recordações alheias, acrescentando a elas elaborações pessoais, com o fim de dar testemunho e construir a *persona* do sobrevivente.

Ao resenhar o livro, um crítico, como se precavendo, já o havia elogiado em termos ambíguos. "Sem pretender ser literatura, esse livro, com sua densidade, sua irrevogabilidade, e o poder de suas imagens, reúne entretanto todos os critérios referentes ao literário."[17] O próprio Wilkomirski, curiosamente, havia previsto essa possível leitura, indicando que "o leitor pode escolher ler meu livro como literatura ou como documento pessoal",[18] sem que essa pluralidade de leitura, a seu ver, comprometesse a realidade do livro. Entretanto, quando um jornalista, Daniel Gainzburg, questiona diretamente essa realidade e, depois de uma pesquisa, a denuncia como fraudulenta, Wilkomirski reage de maneira notável: *fisicamente*. Talvez fosse um impostor, mas leva no corpo as experiências

16   Stefan Maechler, *The Wilkomirski Affair. A Study in Biographical Truth*. Nova York: Schocken Books, 2001, p.113.
17   Ibid., p.114.
18   Ibid., p.131.

relatadas e dá testemunho delas somatizando-as. As anedotas referentes às reações físicas de Wilkomirski são abundantes, seus suores, seu mal-estar, sua gagueira quando se alude a certos incidentes dos campos. Agora, diante das revelações de Gainzburg, responde com todo o corpo: tranca-se em seu quarto, reproduz a clausura do campo, sofre alucinações: "ali estava, falando só em russo, chamando Jarki aos gritos e lhe pedindo pão",[19] escreve um amigo. Essa reação psicossomática, o fato de assumir com o corpo, normal em quem revive uma experiência traumática, costuma ser vista como uma prova contundente da realidade vivida pelo indivíduo. Se, como vê um crítico, Wilkomirski recorre a uma "estética de factibilidade",[20] trata-se de uma factibilidade somática, que apaga qualquer dúvida com relação à realidade do relato e por extensão à personagem que narra. Wilkomirski codinome Bruno Doesseker, ou Bruno Doesseker codinome Wilkomirski, *põe o corpo*. Porém, nesse caso, o fato de que o narrador narre recordações que não correspondem a quem assina o livro, que finge a memória de outro-que-ele a ponto de *incorporar*, literalmente, essas falsas recordações, questiona, segundo certos críticos, a realidade da experiência. (Essa foi uma das maiores preocupações das associações judaicas, incomodadas com o fato de que o testemunho, uma vez revelado como impostura, apoiasse as declarações dos negadores do holocausto.) Wilkomirski era um impostor. Ou não?

Deixo a pergunta em aberto e resumo. Um romance, o meu, do qual me custa dizer que foi tomado de "minha vida", ao mesmo tempo que me exaspera que o tomem por uma vida alheia, despojando-me assim de meu ser fictício; outro romance, o de Leavitt, em que certos leitores reconhecem Spender e em que o próprio Spender se reconhece, mas como o que não quer ser, e portanto o denuncia; um terceiro texto, talvez o mais complexo, o de Wilkomirski, reconhecido pelos leitores como real, mas cujo narrador e protagonista se revela um ser fantasmático, criado pelo autor; por um autor que, entretanto, acusa psicossomaticamente em seu corpo —

19 Ibid., p.130.
20 Ibid., p.118.

o corpo de quem? Do ser narrado? De quem escreve? — os traumas do protagonista do livro. Ao apresentar assim a realidade da ficção e questionar o direito que se tem sobre ela, não sei em que medida contribuo para um debate crítico sobre o tema. Porque a realidade da ficção é escorregadia, escapa de nossas mãos. Talvez nisso, e somente nisso, coincida plenamente com a realidade de nossas vidas.

A QUESTÃO DO GÊNERO:
PROPOSTAS ESQUECIDAS E DESAFIOS CRÍTICOS

No início de *Viajes*, de Sarmiento, há uma cena que sempre me intrigou. Sarmiento, como sabemos, em 1845 vai do Chile, onde estava exilado, à Europa. Trata-se de uma viagem principalmente utilitária — o governo de Montt envia-o em missão oficial para estudar métodos de educação europeus —, mas esse objetivo passa rapidamente ao segundo plano. A viagem de Sarmiento é menos de documentação do que *ilustrada*, de instrução pessoal, civilizadora, semelhante, nesse sentido, à exemplar *A educação de Henry Adams*, de seu vizinho do norte: é uma viagem na qual o educando americano se ilustra na Europa ao mesmo tempo que, como representante "[d]estas terras distantes",[1] educa a Europa sobre sua região. Mas não é meu propósito aqui falar da viagem (embora, para usar um termo ao qual voltarei frequentemente, me *divertiria* fazê-lo), e sim examinar, como disse, um episódio próximo do começo, a partir do qual proporei algumas reflexões.

O relato inicia-se com um prólogo no qual Sarmiento, com alguma impaciência, discute o gênero de seu texto (entendo aqui gênero literário), consciente de que a viagem escrita corre o risco de contaminar-se de ficção "a ponto de não se saber se o que se lê é um romance caprichoso ou uma viagem real".[2] Digo com alguma impaciência já que Sarmiento aqui (como em tudo o que escreve) reclama para sua escrita uma veracidade e uma utilidade patrióticas (os termos

---

1   Domingo Faustino Sarmiento, *Viajes por Europa, África y América 1845-1847*. Nanterre: ALLCA XX; México/Madri: Fondo de Cultura Económica, 1996, p.6. As próximas citações dessa obra serão indicadas com a inicial *V*, seguida do número de página.

2   *V*, p.3.

quase não diferem) que mal acomoda o capricho, as "ficções da fantasia"[3] que excedem e talvez questionam essa escrita servil *pro patria*: escrever é fazer nação, não divertir-se. E entretanto é por uma dessas diversões — entendo o termo literalmente, como um *desvio* — que começa sua viagem.

Em sua primeira carta, Sarmiento narra como, pouco depois de zarpar de Valparaíso, um "porfiado vento"[4] desvia *Enriqueta* de seu curso, levando-a ao arquipélago de Juan Fernández, onde fica, presa de uma calmaria de quatro dias, vagando junto a uma das ilhas, *Más-afuera*. Os viajantes decidem aproximar-se em botes e passar o dia em terra, mas, ao calcular mal as distâncias, chegam à costa ao crepúsculo. O passeio torna-se aventura insólita, "proporcionando-nos sensações para as quais não estávamos preparados".[5] Gritos humanos, talvez de "desertores de navios ou outros indivíduos suspeitos",[6] revelam aos viajantes que não só cães ou porcos selvagens povoam a ilha. Quatro náufragos norte-americanos recebem os viajantes com prazer, pois há mais de dois anos não falam com ninguém. Encantado com esse encontro que confirma, com acréscimos, sua leitura de *Robinson Crusoé*, de Defoe, Sarmiento descreve essa pequena comunidade idílica com riqueza de detalhes. Participa das atividades "[d]aquela pastoral",[7] narra refeições e caças varonis compartilhadas, confessa-se inábil em comparação com os outros (ele é homem de letras, não de armas) e exalta a sábia produtividade dessa minissociedade como contrapartida utópica da desorganizada sociedade argentina da qual foi exilado. Esses quatro homens, anota Sarmiento, "vivem felizes para sua condição".[8] Mas imediatamente acrescenta um curioso comentário:

> Para que aquela incompleta sociedade não desmentisse a fragilidade humana, estava dividida

3   *V*, p.6.
4   *V*, p.11.
5   *V*, p.11.
6   *V*, p.12.
7   *V*, p.14.
8   *V*, p.21.

entre si por feudos *domésticos, cuja causa não quisemos conhecer*, tal foi a pena que nos causou ver esses infelizes separados do resto dos homens, habitando duas cabanas, a seis passos uma da outra, e entretanto malquerendo-se e brigados! Está visto: a discórdia é uma condição de nossa existência, embora não haja governo nem mulheres.[9]

Digo curioso comentário porque Sarmiento, normalmente tão loquaz, tão desejoso de conhecer todas as causas, tão afeito a exigir explicações, quando não a inventá-las, em uma palavra, tão *perguntador*, nesse caso se abstém de indagar, de interpretar, guarda silêncio: "cuja causa não quisemos conhecer". Esse chamativo silêncio corresponde notavelmente à loquacidade excessiva de um dos habitantes dessa pequena comunidade, loquacidade que visivelmente irrita Sarmiento:

> A propósito de perguntas, esse Williams nos explorou a seu gosto desde o momento de nossa chegada até que nos despedimos. [...] Williams [...] se apoderou de nós e falou tudo, não direi já com *a loquacidade volúvel de uma mulher*, o que não é sempre bem dito, pois há algumas que sabem calar, e sim mais exatamente com *a petulância de um cabeleireiro francês* que conhece a arte e a pratica *en artiste*.[10]

O episódio termina com a partida de Sarmiento e os seus. Somente um dos homens, um jovem de dezoito anos, solicita a extradição e opta por regressar com eles; os outros três, de novo sem que se saiba por quê — ou talvez sem que se queira saber por quê —, escolhem ficar.

Resumo esse notável incidente. Há quatro homens na ilha que vivem em duas cabanas em uma economia doméstica posta a perder pela discórdia. A discórdia, segundo Sarmiento, é coisa de governo ou de mulheres, mas aqui não há gover-

---

9   *V*, p.21, grifo nosso.
10   *V*, p.22, grifo nosso.

no e sobretudo não há mulheres: há homens. A situação parece inspirar a Sarmiento uma única reação possível: não perguntar sobre a causa dessa discórdia, *não querer saber*. Mas um desses homens é particularmente irritante porque não respeita o silêncio, fala demais, como uma mulher. Ou melhor (para não falar mal das mulheres, diz Sarmiento), como um cabeleireiro francês "artístico". A linha entre o silêncio (do observador) e a volubilidade (do observado) se vê cruzada, questionada, por *algo*: esse algo é, precisamente, o que não se quer saber (saber a causa da discórdia traz consigo o risco de conhecer a norma de concórdia vigente) e esse *algo* se manifesta, insistentemente, por meio do gênero (aqui não literário, e sim sexual). Essa manifestação por meio do gênero excede o binarismo — a discórdia é coisa de mulheres, mas aqui não há mulheres, William fala tanto que parece uma mulher, mas não é uma mulher — para culminar em uma representação caricatural: o cabeleireiro francês afetado, cifra abjeta do *outro*, de uma "afeminação" que também não se quer conhecer, mas que se intui suficientemente para ridicularizá-la.

Por que me detenho tanto nesse relato a ponto de haver dedicado a ele mais da metade de uma exposição que tem como título "A questão do gênero"? Tento responder: porque me parece emblemático de um tipo de leitura na América Hispânica que consiste em "não querer saber", como Sarmiento, abordagens de gênero, sobretudo quando ilumina, ou seja, torna reconhecíveis, sexualidades que fazem entrar em crise representações de gênero convencionais, questionando seu binarismo utilitário; um tipo de leitura que perpetuamente desloca o debate sobre o gênero e sobre a crise da representação do gênero para o *mais fora* dos projetos de cultura nacional. Previsivelmente, no caso de Sarmiento, depois desse incidente de Juan Fernández,[11] se volta para a linha reta da viagem latino-americana à Europa. A noção de que o

---

11 Para uma leitura alegórica desse incidente, ver Mary Louise Pratt, *Imperial Eyes: Travel Writing and Transculturation*. Nova York/Londres: Routledge, 1992, pp.190-191. Pratt comenta os aspectos utópicos dessa comunidade cuja natureza homossocial observa de passagem ao descrevê-la como um "paraíso masculinista".

desvio fica fora da reflexão proveitosa, no *mais fora* da nação, se confirma na apreciação de Antonio Aberastáin, correspondente de Sarmiento. Ele opina que "[a] carta da Ilha de Más-afuera não vale grande coisa" e aconselha a Sarmiento "que daí por diante escreva sobre coisas úteis, práticas, *aplicáveis à América*".[12]

Tradicionalmente, o gênero como categoria de análise não recebeu a atenção nem o respeito da crítica latino-americana. Basta ler as opiniões, sintomaticamente debochadas, de um reputado crítico, publicadas não faz muito tempo em *El País*, de Madri, e no *Excélsior*, do México, para perceber que a desconfiança e o desprestígio perduram ainda em sua forma mais grosseira.[13] O gênero, na América Latina, continua sendo visto como categoria crítica não totalmente legítima, até abjeta, frequentemente postergada, quando não subordinada a categorias consideradas mais urgentes. É certo que há anos essa desconfiança e essa desatenção vêm sendo corrigidas: a abundância de trabalhos sobre gênero neste congresso comprova esse esforço crítico, explorando propostas esquecidas e detendo-se nas margens das abordagens de gênero, nesses pontos de crise em que as dissidências sexuais questionam as propostas hegemônicas. Mas não é menos certo — e a composição majoritariamente de gênero único dos debates de gênero na América Latina o comprova — que subsiste uma enorme resistência, impermeabilidade, mais exatamente, por parte de certos setores da crítica, diante do gênero como categoria de análise teórica.

Mas o risco que as obras sobre gênero correm — como muitas obras sobre outras categorias excluídas dos relatos mestres nacionais na América Latina: as categorias de raça ou de classe seriam outras — é construir, a partir da categoria excluída, um contrarrelato que se autoabastece. Não poucos críticos, talvez eu mesma, cederam a essa tentação. O gesto leva, ou pode levar, a resultados contraproducentes, ou seja, a novos relatos, se não mestres, "minimes-

---

12   *V*, p.98, grifo nosso.
13   Julio Ortega, "Carta de Chicago", *Excélsior*, México, 16 jan. 2000, e "El español en Chicago", *El País*, Madri, 25 jan. 2000.

tres", a novas categorias estanques. Penso que isso se deve, em boa medida, a uma tentativa (louvável e por outro lado necessária) de recuperação histórica: tenta-se dar nova vigência a textos esquecidos, marginalizados, lidos mesquinhamente — digamos por exemplo "literatura escrita por mulheres" —, para propor com eles e a partir deles novas leituras e desestabilizar, a partir da margem, perspectivas hegemônicas. E é natural, até mesmo lógico, construir com esses textos esquecidos conjuntos inquisidores, cânones alternativos: mas é fácil naturalizar essas novas construções a ponto de que pareçam tão "centrais" como os próprios conjuntos que se busca desestabilizar, esquecendo que são instáveis, móveis, necessariamente ambíguas, e que aí reside, precisamente, sua força disruptiva. Embora o trabalho de arquivo, absolutamente necessário como ponto de partida de uma reflexão sobre gênero, seja de enorme importância, eu gostaria de pensar que nós que trabalhamos sobre essa categoria instável que é o gênero o fazemos *a partir do* gênero mais do que *no* gênero, que buscamos articular não só a reflexão sobre gênero, mas também (se me permitem o jogo de palavras), a *re-flexão*, ou seja, uma nova *flexão* no texto cultural latino-americano (na totalidade desse texto, e não em partes selecionadas) que permita ler de outra maneira, de diversas outras maneiras. Essa nova flexão, essa leitura ou leituras desviadas (como o desvio que levava Sarmiento a *Más-a-fuera*), permite reconhecer esses nós de resistência que Foucault apontava dentro do espaço circunscrito da instituição, heterotopias passageiras que se desviam do projeto disciplinador. Embora não bastem em si mesmas para articular sistemas alternativos, quero dizer, sistemas de "estar no mundo" (e aqui cabe perguntar-se até onde é desejável articular esses sistemas alternativos, sob o risco de "discipliná-los"), esses nós de resistência (não só constituídos pelo gênero) abrem "fissuras culturais", para usar o termo de Nelly Richard, nos discursos estabelecidos.[14]

---

14   Nelly Richard, *Residuos y metáforas: ensayos de crítica cultural sobre el Chile de la transición*. Santiago: Cuarto Propio, 1998, p.193.

Como operar essas fissuras culturais, ou seja, como transformar a resistência do gênero em intervenção *re-flexiva*? Richard utiliza o termo no contexto das artes plásticas, se refere memoravelmente à escandalosa circulação, em 1994, do "Simón Bolívar" travesti do artista Juan Dávila, como parte do projeto da Escola de Santiago, financiado pelo Ministério da Educação. O projeto significava não só uma ruptura em si — a instalação iconoclasta, exibida pela primeira vez em uma galeria de Londres, de um Bolívar mestiço, com peitos, sutiã e meias femininas, com o dedo anular de uma mão provocadoramente erguido —, mas também potencializava, mediante a reprodução visual (o cartão-postal) e sua circulação, a *visibilidade* dessa ruptura. Assim o entenderam as forças que denunciaram o ultraje e pediram reparação (a embaixada da Venezuela, a imprensa conservadora, o presidente do Senado chileno), ou seja, como excesso visível que, em seu próprio descontrole — a disseminação irrefreável do cartão-postal ofensivo[15] —, ameaçava representações culturais hegemônicas.

Mas como transformar essas fissuras culturais a partir do gênero em intervenções *textuais*, como reproduzir, no nível da crítica, essa visibilidade com a qual contam tanto as artes plásticas como as performativas? É fácil pensar em intervenções eficazes nesses campos: Jesusa Rodríguez, Tito Vasconcelos, Las Yeguas del Apocalipsis, Carmelita Tropicana, para citar alguns exemplos. A performance do gênero é sempre projeto desestabilizador. O que eu proporia como exercício crítico a partir do gênero é a intervenção (já que necessariamente não pode ser *visível*) de uma releitura *chamativa*, no duplo sentido desse termo, ou seja, notável, escandalosa por assim dizer, e ao mesmo tempo eficazmente interpeladora; uma releitura não tanto para resgatar tex-

---

15 É interessante notar que, como anota a própria Richard, os mesmos cartões-postais foram exibidos dois anos mais tarde na Galeria Gabriela Mistral, também vinculada ao Ministério da Educação, sem escândalo. Às muitas razões que Richard conjectura para explicar essa mudança de atitude, pode-se acrescentar o fato de que a mobilidade dos cartões-postais foi interrompida, que a mostra os tornou exibição quando antes eram circulação.

tos esquecidos ou "mal lidos", como indiquei, mas sim para fissurar leituras estabelecidas. Por exemplo: um Bolívar hibridizado e feminizado escandaliza todo um *establishment* diplomático. Mabel Moraña viu com certeza a necessidade programática desse gesto iconoclasta de "indagação genealógica".[16] Não menos necessária nem programática seria uma indagação genealógica a partir do gênero. O que a crítica hegemônica latino-americana faria, por exemplo, com uma leitura de Rodó a partir do gênero, que abordasse, junto com seus textos publicados, seus textos inéditos, não com afã de descobrir uma sexualidade que permitisse integrá-lo em um cânone alternativo, mas para elaborar, a partir desse mesmo gênero, as noções de *vergonha* e de *redenção* em Rodó, para depois relacioná-las com seu ferrenho projeto de uma cidadania sublime? Outro exemplo: que dobra ou que flexão acrescentaria às ideias recebidas dessa crítica sobre ateneus ou cenáculos latino-americanos (de fato, com poucas exceções, se pensou bem pouco nesse fenômeno como fenômeno continental, e não como soma de casos isolados), que dobra acrescentaria, repito, a inclusão da utópica *Colonia Tolstoyana* de Augusto D'Halmar, claramente dissidente em termos de gênero e sexualidade, como um lugar *outro* onde pensar a homossociabilidade, que é a própria base dos projetos de nação? Um terceiro exemplo: como pensar o conservadorismo ideológico de uma Teresa de la Parra, de uma Lydia Cabrera, ou até mesmo uma Gabriela Mistral, não como mera manifestação de uma ideologia reacionária, mas sim (e sei que isto não é fácil) como reação diante de processos de modernização que somente propõem heteronormatividades reprodutivas? E por último, neste repertório ao qual se poderiam acrescentar tantas cenas mais: como analisar a partir do gênero a popularidade de certos intelectuais — penso em um Salvador Novo, um Manuel Mujica Láinez, esses Liberaces da cultura latino-americana — que visibilizam a qualquer preço uma sexualidade dissiden-

---

16   Mabel Moraña, "Narrativas protonacionales: el discurso de los libertadores", in *Políticas de la escritura en América Latina*. Caracas: Excultura, 1997, p.67.

te por meio do trabalho de pose ao mesmo tempo que são reconhecidos, até mesmo celebrados, como porta-vozes de um estado conservador cuja *doxa* propagam? Penso que o campo está aberto para pensar a partir do gênero; mas para que esse pensamento seja eficaz, para que sua capacidade de intervenção se potencialize, é indispensável articular esse pensamento a partir do gênero como incidência em outros discursos, como intervenção em leituras passadas, como cruzamento e como relações, por mais problemáticas que pareçam. Somente assim — ou pelo menos assim espero — a questão do gênero obterá a eficácia, mesmo que passageira não menos memorável, dos seios de Bolívar.

II

SARMIENTO, LEITOR DE SI MESMO EM *RECUERDOS DE PROVINCIA*

Há, no início de *Recuerdos de provincia*, uma memorável evocação da cidade de San Juan tal como Sarmiento a conheceu em sua infância: desgastada por anos de negligência espanhola. Trata-se de um espaço empobrecido, desabitado, onde tudo é ruína, fragmento incoerente, desconexão e vazio. Nesse deserto, entretanto, a memória de Sarmiento realiza três resgates: evoca as palmeiras ao norte da praça de Armas, a porta de um casarão que pertenceu a um jesuíta e uma pasta de arquivo, cujo frontispício anunciava a história da região. Emblemáticos, esses elementos díspares são lidos por Sarmiento em um mesmo sentido: o da perda da letra. As palmeiras chamam sua atenção porque, como certas árvores, "na falta de história escrita, não poucas vezes servem de recordação e monumento de acontecimentos memoráveis". A porta porque, embora conserve ainda o símbolo da Companhia de Jesus, apresenta sobretudo "as concavidades... onde estiveram incrustadas letras de chumbo". A pasta porque, apesar da promessa de seu frontispício, se encontra quase vazia. "Eis aqui" — conclui Sarmiento — "o leve e deteriorado caudal histórico que pude, por muitos anos, reunir sobre os primeiros tempos de San Juan."[1] Essa falta, essa concavidade, esse vazio de letras — essa disponibilidade que precisa ser preenchida — será o lugar de trabalho de *Recuerdos*, a cena de sua escrita. Não vazio primordial, ilusória *tabula rasa* em que se inscreveria um texto novo,

[1]   Domingo Faustino Sarmiento, *Obras*, III, reimpr. aum. Buenos Aires: Imprenta y Litografia Mariano Moreno, 1896, pp.43-44. As citações a seguir são dessa edição.

fundador, mas sim, note-se bem, lugar que já foi escrito, que uma vez — nos "primeiros tempos" — teve letras que perdeu e que haverão de ser restituídas.

O fato de que Sarmiento precisa detalhar esse espaço deteriorado — desletrado — no início de *Recuerdos*, como quem estabelece a topografia de seu texto, é algo óbvio. Não menos óbvia é sua necessidade de situar-se, ativamente, dentro desse mesmo cenário, como intérprete desses vestígios mudos, como leitor privilegiado que restaura (ou melhor, reescreve) as letras perdidas. Essa estratégia introdutória é sobretudo notável quando se leva em conta a natureza do texto de Sarmiento. Se *Recuerdos* resgata a história de San Juan, o faz por certo de maneira peculiar, subordinando essa reconstrução às exigências da figuração pessoal. A história da província se torna "a memória de meus parentes" e a memória dos parentes se torna trabalho metonímico, forma indireta de falar de si mesmo. O lugar desletrado que Sarmiento promete ler, lugar dentro do qual, com entusiasmo e fantasia dignos de aprendiz de genealogista ou arqueólogo, estabelecerá conexões e suprimirá hiatos, é, para além da cidade de San Juan, embora em estreita relação com ela, seu próprio eu.

Por que importa que o lugar do eu careça de letras? Se recordarmos a atribuição que Sarmiento faz a *Recuerdos* quanto ao gênero — chama-o de "biografia" e declara que pertence ao mesmo gênero que *Facundo* —, essa carência chama a atenção, revela-se heterodoxa dentro do sistema que se põe em prática. Para Sarmiento, como para os historiadores do século XIX, como, mais especificamente, para os estreantes historiadores republicanos, a biografia é história; mais ainda, é forma privilegiada da escrita histórica. "*Read no history: nothing but biography, for that is life without theory*" [Não leia história: leia apenas biografias, que são a vida sem a teoria],[2] aconselha Disraeli. E Sarmiento, por sua parte: "A biografia é o livro mais original que a América do Sul pode dar em nossa época

---

2   Citado em A. O. J. Cockshut, *Truth to Life. The Art of Biography in the Nineteenth Century*. Nova York/Londres: Harcourt Brace Jovanovich, 1974, p.9.

e o melhor material que se possa prover à história".[3] Assim o entendem sem dúvida Bartolomé Mitre e os demais autores das *Bildungsbiographien* que ocupam as páginas de *Galería de celebridades argentinas*; assim, evidentemente, o próprio Sarmiento em suas muitas biografias. *Facundo*, para recorrer ao exemplo mais célebre, faz alarde dessa pretensão histórica, enfatiza, com fervor suspeito, seu valor documental: "devo declarar que nos acontecimentos notáveis a que me refiro, e que servem de base às explicações que dou, há uma exatidão irrepreensível pela qual responderão os documentos públicos que sobre eles existem".[4]

Isso não é tudo. Nessa mesma "Advertência do autor", ele já promete uma futura refundição (que previsivelmente nunca fará) em que seriam incorporados "inúmeros documentos oficiais, a que somente faço agora uma rápida referência". O texto irrepreensivelmente *exato*, apoiado em escritos *públicos*, em escritos *oficiais*: *Facundo* integra assim uma cadeia documental, uma configuração de letras prévias e letras futuras que lhe dão legitimidade. Toma sua autoridade do documento que o precede e se torna assim documento capaz de autorizar, por sua vez, textos posteriores.[5] Embora na "Advertência" mencione outras fontes — depoimentos orais de outros, a própria reminiscência —, o faz como por descuido, sem valorizá-las, mais exatamente isentando-as por sua potencial inexatidão, e em todo caso subordinando-as à clara supremacia do já escrito.

Essa evidente preocupação com o documento, aval da filiação historiográfica que se reclama para o texto biográfico, encontra obstáculos na escrita da própria vida. Porque, por mais que se queira tratá-la como "biografia" — a narração, já

3   *Obras*, III, ed. cit., p.224.
4   Domingo Faustino Sarmiento, *Obras*, VII. Buenos Aires: Imprenta y Litografia Mariano Moreno, 1896, p.6 [*Facundo, ou Civilização e barbárie*. São Paulo: Cosac Naify, 2010].
5   Assim, apenas cinco anos depois de sua publicação, Sarmiento reclama completa autoridade documental para *Facundo*: "[F]oi traduzido para o alemão, ilustrado por Rugendas, e deu aos publicistas da Europa a explicação da luta da República Argentina. *Rosas y la cuestión del Plata* e muitas outras publicações europeias estão baseadas nos dados e na maneira de ver de *Civilización y barbárie*" (*Obras*, III, ed. cit., p.225).

não a vida do outro, mas sim a própria vida —, a autobiografia, é evidente, carece de autorização exterior a ela. Em outro texto, procurei estabelecer o ardil ao qual Sarmiento recorre para minimamente autorizar tanto *Mi defensa* como *Recuerdos de provincia*, o enredo de "documentos" prévios que arma para justificar a escrita de si, inseri-la ilusoriamente em uma cadeia escritural e desse modo validá-la diante da história.[6] Basta dizer que esse ardil, como se podia prever, não surte o efeito desejado; basta dizer que o próprio texto, apesar dos esforços empreendidos, logo se dá conta desse fracasso. Os "documentos" a que Sarmiento alude nas primeiras páginas de *Recuerdos* — essas letras inventadas que respaldariam a história de seu eu — cedem diante da evidência do capítulo inicial: a partir de um espaço de origem desletrado — a San Juan natal —, se escreve outro espaço desletrado original, o eu. O outro, o mesmo: "quis apegar-me à minha província".[7]

Como reletrar um lugar de origem e ao mesmo tempo dar letras a si mesmo? Ou, em outros termos: como documentar San Juan *a posteriori* e ao mesmo tempo (nova volta de parafuso à acepção do termo) abastecer-se de *documento* pessoal, de traços de identidade? A memória, parente pobre no rastreamento histórico que se reivindica para o trabalho biográfico, passa a ganhar nova importância. Recordar (não em vão a palavra figura no título) deixa de ser, como advertia a primeira página de *Facundo*, atividade nem sempre confiável, e se torna a única via possível no trabalho de restauração. A memória pessoal, ampliada pela "memória de meus parentes" — a expressão, que Sarmiento entendia como *recordação*, deve ser tomada também no outro sentido, como *memória ativa* —, resgata letras para San Juan, ao mesmo tempo que proporciona letras ao eu.

O recordar de Sarmiento é surpreendentemente textual. Quero dizer: move-se em matéria de relatos. (Evidentemente, toda recordação, no ato mesmo de transmiti-la, se torna relato. O que chama a atenção em Sarmiento é mais

6   Sylvia Molloy, "Inscripciones del yo en *Recuerdos de provincia*". *Sur*, Buenos Aires, n. 350-351, pp.131-140, 1982. Número especial: *Homenaje a Maria Rosa Lida de Malkiel y Raimundo Lida*.

7   *Obras*, III, ed. cit., p.41.

preciso: sua predileção pela recordação que *já é* relato, que já foi enunciada, quando não escrita.)[8] Nesse sentido, é interessante observar o encadeamento da memória em *Recuerdos*, a estratégia mnemônica que os primeiros capítulos propõem. Da ausência, ou quase ausência, de letras de San Juan se resgata (se recorda) o único texto que resta: "eu quis ver aquela suspirada história de minha província, mas, ai!, não continha senão um só manuscrito, o de Mallea, com data do ano de 1570, dez anos depois da fundação de San Juan".[9] É essa prova de Mallea que, no capítulo seguinte, dá impulso à narração de Sarmiento. Dela cita textualmente boa parte do começo. Muito rapidamente, entretanto, encarregando-se do relato, passa a parafraseá-la:

> Do teor das respostas dadas às 24 perguntas do interrogatório resulta, à força de confrontações e de conjecturas, a história dos primeiros dez anos da fundação de San Juan, e a biografia interessantíssima do fidalgo dom Juan Eugenio de Mallea... *Deixando de lado* o tedioso estilo e fraseologia da escrivania, *farei breve narração* dos fatos que no referido interrogatório ficam provados.[10]

O capítulo seguinte, "Los huarpes", evocação de uma cultura em decadência, observa um movimento similar. De novo Sarmiento recorda um texto: a *Histórica relación del Reino de Chile*, de Alonso de Ovalle, que cita textualmente. Depois passa a ocupar-se da narração. A muito vívida e não pouco poética descrição da caça ao guanaco que se segue à citação, pelo uso calculado do presente, parece fruto da observação pessoal direta. É entretanto um artifício deliberado: *todas* as referências aos costumes huarpes, sem excluir essa descrição de caça

---

8   De suas recordações da época passada junto a seu mestre José de Oro, Sarmiento escreve, por exemplo: "As reminiscências daquela chuva oral que caía todos os dias sobre minha alma se apresentavam a mim como lâminas de um livro cujo significado compreendemos pela atitude das figuras" (Ibid., p.172).

9   Ibid., p.44.

10   Ibid., p.45, grifo nosso.

que Sarmiento oferece como narração sua, provêm, como Verdevoye destaca, do texto de Ovalle.[11] A esses textos prévios que Sarmiento resgata do passado, e cuja letra continua com um relato que, paráfrase ou plágio, é pessoal justamente porque se apropriou, correspondem outros, não por mais dispersos menos decisivos, sobre os quais Sarmiento exerce o mesmo trabalho de apropriação. São os que configuram o relato de família, a narração oral da mãe, que Sarmiento — como Garcilaso el Inca — cita e incorpora, como pretexto fecundo.

O relato materno é, para Sarmiento, fonte inesgotável onde beber para restabelecer as letras de San Juan. Porque se a cidade ficou desletrada, também está ficando sem fala: a pobreza de palavras de San Juan obceca Sarmiento.[12] O relato materno é necessariamente oral porque é relato caseiro. Além disso, assim como San Juan, a mãe de Sarmiento vai perdendo letras: "Sabia ler e escrever em sua juventude, havendo perdido pelo desuso esta última faculdade".[13] Legitimando sua própria palavra com a autoridade materna, Sarmiento recorre com frequência à citação: "Conta-me minha mãe". Citação progenitora e ao mesmo tempo geradora, o relato de Paula Albarracín será continuado na narração do filho, entretecer-se-á com ela: não em vão, Sarmiento se orgulha de haver guardado, mesmo que tivesse servido às suas irmãs, a lançadeira do tear materno. Pela mãe e seus parentes, chega a Sarmiento uma fala caduca: "Diziam *cogeldo*, *tomaldo*, *truje*, *ansina* e outros vocábulos que pertenciam ao século XVII, e para o povo eram pretexto para a crítica".[14] Por ela também, a nomenclatura de habilidades esquecidas, como uma obscura rede de signos que ninguém mais, salvo o leitor privilegiado que é o filho, sabe decifrar: "As habilidades manuais que minha mãe possuía são tantas e tão variadas que sua enumeração fatigaria a memória

---

11   Paul Verdevoye, *Domingo Faustino Sarmiento. Éducateur et publiciste (entre 1839 et 1852)*. Paris: Institut des Hautes Études de l'Amérique Latine, 1962, p.114.

12   Sarmiento recorda com indignação o ministro que, referindo-se desdenhosamente à pirâmide comemorativa de maio, dizia: "Quanto ao *pírame*, o senhor pode derrubá-lo" (*Obras* III, ed. cit., p.18).

13   Ibid., p.138.

14   Ibid., p.146.

com nomes que hoje nem têm significado".[15] Como todos os relatos que a memória de Sarmiento recolhe, inimiga da vocação ociosa, o de sua mãe é útil: "ela me instrui de coisas de outros tempos, ignoradas por mim, esquecidas por todos".[16]

"Há pormenores tão curiosos da vida colonial, que não posso prescindir de referi-los."[17] Entre os que Sarmiento escolhe, para ilustrar sua declaração, há um que é símbolo da consideração que o relato materno merece dele. Na casa de uma parenta rica, uma ou duas vezes por ano, havia *insolação*, cerimônia que a mãe de Sarmiento, ainda muito criança, espiava dos braços de uma escrava:

> [A] astuta escrava erguia minha mãe, ainda pequenininha, cuidando que não aproximasse muito a cabeça, para espreitar o que acontecia no grande pátio. Era tão grande, *me conta minha mãe, que é a veracidade encarnada*, estava coberto de couros em que estendiam ao sol em grossa camada valiosas moedas de prata enegrecidas, para livrá-las do mofo; e dois negros velhos, que eram depositários do tesouro, andavam de couro em couro removendo com cuidado o sonoro grão.[18]

Nessa aproximação ao relato materno, nesse vislumbre de um passado que somente revive quando é contado, ou seja, quando se considera sua relevância, está presente todo Sarmiento.

Os relatos soltos recordados por Sarmiento — a prova que cita, o texto histórico que canibaliza, o conto materno que ouve — cumprem invariavelmente o mesmo propósito. Servem de impulso textual, de ponto de partida para uma narração que precisa apoiar-se no texto anterior para constituir-se. Assim, seja comentando, plagiando ou interpretando esses relatos mencionados, Sarmiento vai restaurando as letras de San Juan. Ao mesmo tempo, ao atribuir-se

15   Ibid., p.144.
16   Ibid., p.137.
17   Ibid., p.66.
18   Ibid., p.67, grifo nosso.

papel tão ativo na organização desses relatos que passam a ser dele, concentra a atenção sobre aquela *figura* na qual gosta de representar-se: a de leitor.

Sarmiento, como Hamlet, com quem talvez se identificasse,[19] é afeito a passear com um livro na mão. Tanto em *Mi defensa* como em *Recuerdos*, destaca seus precoces dotes para a leitura. Aprende a ler muito pequeno e sua habilidade é motivo de exibição:

> Aos cinco anos de idade, lia correntemente em voz alta, com as entonações que somente a completa inteligência do assunto pode dar, e tão pouco comum devia ser naquela época essa precoce habilidade, que me levavam de casa em casa para que me ouvissem ler, colhendo grande quantidade de pães, abraços e elogios que me enchiam de vaidade.[20]

A exibição tornar-se-á, ao longo dos anos, e muito especialmente em *Recuerdos de provincia*, exibicionismo. Há alarde da leitura em Sarmiento, necessidade de voltar constantemente a essa atividade que o marca. Mania de autodidata, observam certeiramente Sarlo e Altamirano,[21] de rebelde

19 Uma das epígrafes de *Recuerdos de provincia*, como desafiador emblema, é citação de *Macbeth*. Sarmiento a atribui, errônea, mas significativamente, a *Hamlet*: "É esse um conto que, com espantos e gritos, menciona um louco, e que não significa nada". O *idiot* do texto original passou a ser um *louco* na tradução do "louco Sarmiento". Essa citação mal atribuída volta a aparecer, como lema, no último escrito de Sarmiento.

20 *Obras*, III, ed. cit., p.161. Em sua própria vida, Sarmiento imita esse orgulhoso exibicionismo do adulto que exibe a criança. Em *Vida de Dominguito*, faz alarde da rapidez com que seu próprio filho aprendeu a ler e escrever aos três anos e meio: "[O] menino de três anos iluminando o semblante com os raios da inteligência que despontava em seus olhos: — Papai — disse —, eu escrevo *Sarmiento*? — Não? Sim? — e escreveu nas páginas em branco de um livrinho o que está adiante, em fac-símile" (Domingo Faustino Sarmiento, *Vida de Dominguito*. La Plata: Calomino, 1944, p.13).

21 Carlos Altamirano e Beatriz Sarlo, "Una vida ejemplar: la estrategia de *Recuerdos de provincia*", in *Literatura/Sociedad*. Buenos Aires: Hachette, 1983, em especial pp.174-180. Minha dívida com esse trabalho, o mais lúcido e estimulante de quanto se escreveu sobre *Recuerdos*, é considerável.

que desafia a academia com sua personalíssima "máquina de aprender", reivindicando um corpo a corpo com o livro no qual os mediadores sobram. Mania também de autobiógrafo hispano-americano que — *eu* resplandecente em república resplandecente — precisa inscrever seu gesto autodefinidor em uma tradição livresca que o precede e ao mesmo tempo divergir dela. Em todo caso, a cena de leitura em Sarmiento, que cito em uma de suas variantes, é privilegiada como cena primordial. De seu encontro com o Livro (modestamente, nesse caso, com aqueles compêndios de cultura que foram os manuais de Ackerman), escreve:

> Ali estava a história antiga, e aquela Pérsia, e aquele Egito, e aquelas Pirâmides, e aquele Nilo de que me falava o clérigo Oro. Estudei a história da Grécia até decorar, e a de Roma em seguida, sentindo-me sucessivamente Leônidas e Brutus, Aristides e Camilo, Harmódio e Epaminondas; e isso enquanto vendia erva-mate e açúcar, e fazia cara feia para os que vinham me tirar daquele mundo que eu havia descoberto para viver nele. Durante as manhãs, depois de varrer a loja, eu ficava lendo, e uma senhora, Laora, ia para a igreja e voltava, e seus olhos tropeçavam sempre, dia após dia, mês após mês, nesse menino, imóvel, insensível a qualquer perturbação, seus olhos fixos sobre um livro, por isso, balançando a cabeça, dizia em sua casa: "Esse mocinho não deve ser bom! Se os livros fossem bons, ele não os leria com tanto afinco!".[22]

Note-se que esse menino imóvel, com os olhos fixos sobre um livro — como antes o menino precoce exibido pela família; como mais tarde o mineiro leitor[23] ou o exilado com seu Tocqueville ou seu Leroux avolumando seu bolso[24] —, precisa ser visto: ler diante do (para o?) outro. Esse trabalho de

22   *Obras*, III, op. cit., pp.172-173.
23   Ibid., pp.178.
24   Domingo Faustino Sarmiento, "Reminiscencias de la vida literaria", in *Obras completas*, t. I. Buenos Aires: Luz del Día, 1948, p.335.

sedução por meio de uma pose que se quer decisiva é ainda mais chamativo no texto autobiográfico, trabalho especular que, como nenhum outro, apela para o olhar do outro. Em *Recuerdos*, Sarmiento se mostra leitor e faz desse gesto o próprio motor de seu texto.

O adolescente que descobre o livro, em *Recuerdos*, parece fazê-lo de maneira providencial, com premonição quase divina:

> Povos, história, geografia, religião, moral, política, tudo isso já estava anotado [na memória] como em um índice; faltava-me porém o livro que o detalhava, e eu estava sozinho no mundo... Mas deve haver livros, eu dizia a mim mesmo, que tratem especialmente dessas coisas... e eu me lancei imediatamente em busca desses livros, e naquela remota província, naquela hora em que tomei minha decisão, encontrei o que buscava... Encontrei-os!, podia exclamar como Arquimedes, porque eu os havia previsto, inventado, buscado...[25]

O encontro real foi sem dúvida menos milagroso, sobretudo menos imediato. Porque se a sede de leitura aparece desde cedo em Sarmiento, junto com o arrebatamento que o livro[26] provoca e a íntima convicção de que sabe "ler muito bem", seu itinerário de leitura consta de passos complexos demais. Embora não haja mediadores, agentes culturais que se interponham entre esse autodidata e seu livro, há um obstáculo inegável, a linguagem. Os livros que Sarmiento lê ou quer ler são textos vedados enquanto não souber os idiomas: "Para os povos de língua castelhana, aprender um idioma vivo é

25   *Obras*, ed. cit., p.172.
26   "Todo ensinamento e qualquer aquisição cultural aparecem para ele metaforizados como livro. Os exemplos dessa condensação do oral e do escrito/impresso são reiterados: quando o personagem de *Recuerdos* é consultado sobre sua opinião, literalmente lhe saem 'as páginas de um livro dos lábios'; em Copiapó, quando expõe suas ideias sobre a colonização do sul diante de seus amigos, afirma que edita um livro oralmente..." (Carlos Altamirano e Beatriz Sarlo, ed. cit., pp.184-186).

somente aprender a ler".[27] Ler, portanto, significa, desde o começo, *traduzir*. Mas, traduzir de que maneira? Às custas de dicionário e gramática, Sarmiento declara haver "traduzido" doze volumes do francês em um mês e onze dias, e do inglês, idioma no qual era ainda menos competente, quarenta romances de Walter Scott no ritmo de um romance por dia. Nessas condições, é fácil demais questionar o "ler bem" de Sarmiento como o fizeram seus críticos mais rigorosos.[28] Mais pertinente, em vez disso, é postular a leitura de Sarmiento não como um ler bem ou mal, mas sim como um ler de maneira diferente.

Usados indistintamente, os termos *ler* e *traduzir* não são, entretanto, em Sarmiento, completamente sinônimos. Se traduzir é ler, ou melhor dizendo, se a tarefa de traduzir se sobrepõe à de ler, essa sobreposição implica um desvio. A descrição que Sarmiento faz do método pedagógico de frei José de Oro é eloquente porque de certo modo contém, em embrião, seu próprio programa de leitura: enquanto o discípulo lia em voz alta um texto em latim, o mestre o "animava com digressões sobre a questão geográfica da tradução".[29] O desejo de apropriar-se de um texto percorrido com urgência, apreendido precariamente devido à imperfeita competência linguística, e de fazer esse texto dizer o que ele quer que diga, sem dúvida também leva Sarmiento a animar com digressões o tema de suas próprias leituras/traduções. Escassamente formuladas no começo, essas digressões se tornarão programáticas: Sarmiento declara haver se formado "traduzindo o espírito europeu para o espírito americano, com as mudanças que o diverso teatro requeria".[30]

27   *Obras*, III, ed. cit., p.177.
28   Veja-se, por exemplo, a dogmática rejeição a Manuel Gálvez: "Tudo devorou em desordem, sem mestres. Muitas coisas pode não haver compreendido, embora as retenha, porque lhe sobra memória. Essa formação intelectual deplorável, sem a menor disciplina, marca o espírito de Sarmiento para toda a vida... Nessas coisas, quando se começa mal, se continua mal" (*Vida de Sarmiento. El hombre de autoridad*. Buenos Aires: Emecé, 1945, p.42).
29   *Obras*, III, ed. cit., p.71.
30   Ibid., p.181.

A leitura/tradução permite a Sarmiento restaurar as letras de San Juan e ao autobiógrafo dar-se uma textura. *Recuerdos*, a escrita de si mesmo em *Recuerdos*, é também tradução, transposição de textos ou relatos de outros ao relato do eu. Ler o outro não é somente apropriar-se das palavras do outro, é existir por meio do outro, ser o outro. Ao ler Ackermann, Sarmiento (sem dúvida como toda criança) é o que lê: traduz Brutus, Aristides e Epaminondas para sua própria pessoa. E do mesmo modo, ao escrever *Recuerdos*, já não traduz vidas lidas, mas sim vidas presenciadas, testemunhadas, para a sua. Não é outra coisa o acúmulo de breves biografias que ocupam a primeira metade do texto: panteão provincial por assim dizer — galeria de letrados ilustres que permitem reletrar o vazio de San Juan —, é igualmente galeria de espelhos. Sarmiento povoa sua autobiografia com vidas de outros, dos parentes ilustres que o precederam: "a obscuridade honrada [de meu nome] pode iluminar-se à luz daquelas tochas".[31]

Percorrer essa galeria de luminares provincianos é passear os olhos por uma série de *traços identificadores* que Sarmiento seleciona e privilegia, no retrato de cada personagem, para assim *apegar-se* (palavra que comove) a esses traços, torná-los seus. É um trabalho de encadeamento, de ligação, não surpreendente em quem se apaixona pelas genealogias, apresenta-se como arqueólogo aficionado e, em outro plano, vive obcecado pela necessidade de *comunicar* (trens, navegação) o que está isolado. Em cada um dos Oro, por exemplo, há um gesto seu: a extravagante impulsividade e o gosto pela conversa sem dissimulação do "ardente e *gaucho*" presbítero José, a tenacidade e a reflexão do letrado frei Justo Santa María e sobretudo a "palavra viva" de seu homônimo, Domingo o orador, espécie de compêndio dos dois anteriores, a quem Sarmiento descreve em termos que claramente também se aplicam a ele: "Oro deu o modelo e o tipo do futuro argentino, europeu até os últimos refinamentos das belas-artes, americano até cavalgar o potro indômito; parisiense pelo espírito, indígena do pampa pela energia e os poderes físicos".[32]

---

31 Ibid., p.42.
32 Ibid., p.92.

Na medida em que Sarmiento os traduz, transpõe-os para seu autorrelato, "com as mudanças que o diverso teatro requer", a narração dessas vidas outras adquire nova dimensão. Mas como no caso de Kafka e seus precursores, esses parentes teriam pouco a ver entre si (e menos interesse para o leitor de *Recuerdos*) se Sarmiento não tivesse existido. A cadeia que Sarmiento estabelece não implica determinismo rígido, não é uma série de elos que culminem triunfalmente no eu, mas sim uma cadeia que é, que veio sendo, eu desde o começo. Não de outra maneira deve-se ler a frase que ocupa o próprio centro de *Recuerdos*, operando uma junção entre as duas partes do texto: "À minha progênie, eu me sucedo". A curiosa sintaxe diz tudo: não simplesmente "eu sucedo à minha progênie", mas sim, ao mesmo tempo, "eu sucedo à minha progênie e me sucedo a mim mesmo", porque minha progênie *já é*, na seletiva enumeração que dela vim fazendo, meu eu disperso.

Dentre os muitos retratos que Sarmiento traduz para sua própria matéria autobiográfica, há um que talvez chame a atenção mais que outros, o do deão Funes. Historiador, tradutor, leitor ávido, se ocupa, como Sarmiento, de trazer letras novas à sua província: regressa da Europa com "tesouros de ciência em uma tão selecionada quanto rica biblioteca, qual não havia sonhado a Universidade de Córdoba. O século XVIII inteiro se introduzia assim no próprio coração das colônias".[33] O deão, como seu sobrinho, segundo Sarmiento, é o homem do livro na mão. Sarmiento detalha com eloquência uma de suas muitas desgraças: "Teve, para viver, necessidade de vender um a um os livros de sua biblioteca, desfazer-se de sua enciclopédia francesa, tão estimada e rara então; desbaratar sua coleção de raros manuscritos, trocando por pão para o corpo o que havia servido para alimentar sua alma".[34] Mas além de projetar sua própria paixão livresca, de modo pessoal e *simpático*, nesse remoto parente que nunca conheceu, Sarmiento defende a atividade que mais duramente se criticou em Funes. "Os escritos do deão Funes mostram que teria podido viver sem tomar nada emprestado de nin-

---

33   Ibid., pp.110-111.
34   Ibid., p.126.

guém."[35] Entretanto, o deão — por cálculo ou por preguiça — não o fez.[36] Ao falar de plágio, Sarmiento não defende tanto Funes como reivindica, para a literatura em geral e, sem dúvida, para si mesmo em particular, a apropriação do texto alheio como riqueza, como "belo aluvião dos sedimentos da boa leitura".[37] Acrescenta assim um novo termo fecundo à série ler/traduzir/escrever, série tão literária quanto vital.

A leitura/tradução, a escrita/plágio, o retrato/relato de si por meio do retrato/relato de outros asseguram o gesto autobiográfico de Sarmiento. Também permitem a ele ancorar esse gesto em um contexto mais amplo, torná-lo gesto cultural. Porque além de incorporar textos e vidas alheias, a escrita autobiográfica de Sarmiento, como para chamar a atenção sobre si mesma, incorpora — cita — nomes daqueles que já se escreveram, autobiógrafos que Sarmiento leu com proveito e dos quais tomou, aqui e ali, algo (uma postura, uma tática) para seu próprio texto. Citações de Montaigne, de Rousseau, de Madame Roland e sobretudo referências à *Autobiografia* de Benjamin Franklin sustentam a convicção de que recordar-se é também recordar as leituras que se fez, e que recordar a maneira como outros se recordaram é também uma forma de se recordar, de ser no texto.

"O interesse dessas páginas já evaporou, antes mesmo de haver terminado meu trabalho",[38] escreve Sarmiento no final de *Recuerdos*, com aparente incerteza, talvez com o desgosto característico de quem, a ponto de terminar a escrita de sua vida, deve encerrar uma imagem que, mal ou bem, o represente. As argúcias a que o autobiógrafo recorre nesses momentos para poder sair de seu texto são diversas, nunca

---

35   Ibid., p.128.

36   Não carece de humor a descrição que Sarmiento faz do erro de Funes: "[O] autor usa dos tesouros de sua erudição, tanto nas crônicas americanas, quanto nos livros clássicos da Europa, que quase só ele possuía, com um total esquecimento de que escrevia no alvorecer de uma época que ia pôr ao alcance de todos os próprios elementos de seu saber. Assim, o leitor começou a aperceber-se em muitos de seus trabalhos de que ocorriam frases, períodos, que já haviam soado gratos a seus ouvidos, e páginas que os olhos recordavam haver visto" (Ibid., p.127).

37   Ibid., p.128.

38   Ibid., p.218.

satisfatórias: busca-se um motivo de interrupção, ou se declara o encerramento de uma etapa, ou se promete continuar em um futuro próximo, ou, como no caso de Sarmiento, se declara, mais ou menos falsamente, haver esgotado o interesse do tema. Mas, apesar da frase de Sarmiento, o desgosto não é senão aparente, porque, se bem se acaba a anedota, não se acaba o texto. *Recuerdos* recolhe esse preciso momento em que o indivíduo que veio afirmando-se com leituras, citações, letras, cede lugar a essas mesmas letras, desaparece em favor de seus textos. *Recuerdos* não podia ter outro final senão os seis capítulos dedicados aos *escritos* de Sarmiento, escritos que o *dizem* igual ou melhor que as próprias páginas autobiográficas, escritos a cuja leitura o autor convida como continuação de um projeto autobiográfico permanentemente entretecido com a letra: "O espírito dos escritos de um autor, quando tem um caráter marcado, é sua alma, sua essência. O indivíduo se eclipsa diante dessa manifestação, e o público menos interesse tem tanto nos atos privados como na influência que aqueles escritos puderam exercer sobre os outros".[39] À minha progênie, me sucedo eu: ao eu, sucede o texto.

---

39 Ibid., p.218.

VICTORIA VIAJANTE:
CRÔNICA DE UMA APRENDIZAGEM

Queria muito que você estivesse aqui. Queria que me mostrasse as coisas, eu as veria melhor com você. Temo vê-las de passagem, ou ao contrário. Porque, entre outros méritos, você sabe fazer ver.

ROGER CAILLOIS,
Carta a Victoria Ocampo

Toda viagem é, em princípio, deslocamento, exílio, mudança. Deixa-se um lugar conhecido, seguro, para entrar em um lugar novo, talvez com o tempo decepcionante (espera-se demais dele), mas, no momento em que se realiza a viagem, tentador. Esse outro lugar, que se concebe espacialmente, é também marcado por um tempo diferente: outro ritmo afeta o viajante durante o deslocamento, desconcerta-o, desorienta-o, e essa desorientação persiste mesmo depois de concluída a viagem. Não somente torna diferente o que se foi, torna um espaço e um tempo diferentes, já que a viagem nos faz ver o lugar ao qual regressamos, e que acreditávamos permanentemente igual a si mesmo, com outros olhos.

Como todo gênero que se quer referencial — ou seja, que convence o leitor de que o que lê é a transposição "direta" de uma suposta realidade —, o relato de viagem trabalha com uma quimera, a de simular seu imediatismo. O viajante nos "faz ver", nos interpela, nos convida a compartilhar experiências, solicita nossa identificação. O que aconteceu com ele pode acontecer conosco, ou mais exatamente, *está acontecendo conosco*: "Ponha-se o Sr. comigo a bordo da *Rose*, que já estamos chegando à França", escrevia Sarmiento em sua viagem à Europa. O eu itinerante recorre ao leitor cúmplice, o que "viaja" com ele e reconhece aquilo que descreve, ou seja, sabe "ver junto" com ele. A segunda pessoa à qual o eu viajante se dirige é, habitualmente, o que fica para trás, quem não tem acesso à novidade que o viajante percebe, salvo por intermédio do que este escreve a ele. A segunda pessoa sedentária, figura de autoridade nas empresas colonizadoras (como o soberano nas crônicas da Conquista), passa a ser, na modernidade, pessoa coletiva: é a comunidade dos que não viajaram e buscam, em relatos de viagem publicados frequentemente como crônicas jornalísticas, o novo, a notícia e o prazer vicário do "como se".

O que foi dito anteriormente é típico, em geral, do relato de viagem e de quem o escreve. E como toda generalização, tem suas notáveis exceções. Percebi isso ao pensar em Victoria Ocampo, ao querer determinar o que caracterizava suas viagens, ao me dar conta de como, frequentemente, seus escritos questionavam a modalidade habitual do gênero. Victoria, poder-se-ia dizer, viaja de outra maneira. Elucidar essa diferença é o propósito destas páginas.

A função pedagógica que o texto de viagem cumpre é necessariamente uma função informativa, documental. Ensina o leitor/interlocutor a conhecer o lugar, a cidade, a entender o encontro, o evento narrado. Mas em Ocampo há pouca descrição do lugar propriamente, poucas indicações espaciais, pouco paisagismo. Seus relatos de viagem são, em geral, curiosamente estáticos: descreve-se menos o deslocamento que o *estar ali*. Declarando-se inábil para tomar notas, escreve:

> [U]ma fatalidade parece perseguir-me. Jamais apontei nelas nada utilizável ou interessante. Enquanto não me dirijo a alguém (como nas cartas), enquanto não tenho mentalmente um interlocutor para contar o que vejo, sinto, observo, penso, as palavras murcham para mim.

Daí que o relato de viagem se dê tão frequentemente em Victoria Ocampo como carta, seja explícita ou implicitamente. Daí também que sua pedagogia, se cabe esse termo, seja diferente da de muitos viajantes. Não se propõe a compartilhar um olhar turístico. Embora se dê a ver, procura, sobretudo, fazer pensar.

Victoria Ocampo traz a viagem no sangue. Desde as viagens políticas de seus antepassados homens de Estado — como o bisavô Aguirre que viaja aos Estados Unidos para pedir o reconhecimento da nação independente — às viagens ilustradas ou mundanas dos membros de sua classe social, a viagem é parte de sua herança, uma herança da qual se encarrega amplamente, revitalizando-a. A vida de Victoria Ocampo é uma vida pautada pelo deslocamento entre lugares que logo se tornam familiares. Assim os deslocamentos entre múltiplas casas, múltiplos lares, o casarão da rua Viamonte, Vila Ocampo em San Isidro, a casa de Palermo Chico, a de Mar del Plata e, quase sem solução de continuidade, o Majestic Hotel de Paris, ou o Meurice, ou o apartamento da rua Raynouard, ou da avenida Malakoff, ou o Hotel La Trémoille, ou o Sherry--Netherlands ou o Waldorf Astoria em Nova York; e, concomitantemente, os deslocamentos entre múltiplas línguas, literaturas, entre culturas. "A leitura é a viagem dos que não podem tomar o trem", observa Francis de Croisset. No caso de Victoria, poder-se-ia dizer que a leitura é tomar o trem. Passa-se de um lugar a outro como se passa de uma língua a outra, sem esforço aparente: está-se (ou se pensa estar) sempre *at home*, *chez soi*, em casa, e — sem que isso signifique contradição — sempre a ponto de partir: "o mundo inteiro é meu domínio e me sinto em casa tanto em Nova York quanto em Londres. Preciso de toda a terra", escreve Ocampo em uma carta inédita, citada por Beatriz Sarlo. Se a ilusão do viajante baudelairiano era viajar "ao fundo do desconhecido para encontrar o novo", as viagens de Ocampo são menos viagens de descoberta que de comprovação: isso que vejo é (ou não é) como me contaram, ou como havia imaginado a partir de minhas leituras. Apesar de não haver estado nunca aqui, conheço (ou penso conhecer) o lugar. Mais que de relatos de viagem, poder-se-ia falar, dando uma guinada positiva ao termo que ela mesma usa jocosamente, de "testemunhos de espalhamento".

PRIMEIRAS VIAGENS:
A EUROPA COMO LUGAR PRÓPRIO

A primeira viagem que Ocampo registra em seus escritos, a primeira de muitas, é a viagem da família à Europa em 1896, cujas recordações anota, sabiamente desordenadas, em *El archipiélago*. Poder-se-ia objetar que, nesse caso, não é totalmente exato falar de viagem, como talvez também não seria para referir-se à seguinte, de 1908 a 1910. Em ambas as ocasiões, a família se desloca para a Europa, sim, mas menos com a intenção de viajar do que de permanecer por um longo tempo, um ou dois anos. A viagem é mais um paulatino deslocamento, uma lenta passagem de uma existência a outra, um acostumar-se a um aqui sem desacostumar-se totalmente do lá.

Ao falar dessa primeira viagem, Ocampo reforça, em termos infantis, essa vontade de continuidade: "Vamos partir. Eu não quero me despedir". Despedir-se é reconhecer uma separação, aceitar a natureza traumática do início de toda viagem, e Victoria não gosta de despedir-se, marcar cortes. O mesmo ocorre quando regressa dessa viagem: em vez de cumprimentar as tias queridas das quais, um ano antes, não havia querido despedir-se, finge o hábito: "Perguntam-me se estou contente por estar de volta. Respondo: 'Posso tomar água com açúcar-cande?'. Não me esqueci dos torrões brancos, com gosto de limão e açúcar". O deslocamento ocorreu com toda a naturalidade e não há estranheza, volta-se ao costumeiro, tanto mais entranhável quanto trivial. Ou pelo menos assim o recorda muitos anos mais tarde a adulta, que apresenta essa primeira viagem infantil como uma festa perpétua. Quando sua madrinha pergunta a ela o que quer levar como lembrança de Paris, responde, com a naturalidade de uma menina de dez anos, que quer um anel com um rubi da Cartier ou, que na falta dele, uma fotografia da Place de la Concorde. *And yet, and yet...*, embora queira recordar esse precoce deslocamento como um *continuum*, um detalhe revela que houve sim desencanto, pelo menos desajuste: a rua Florida, que recordava larga, é, na realidade, estreita. O incidente permanece suficientemente gravado na memória de Ocampo para que volte a ele, muitos anos depois, em uma conversa recolhida em um depoimento tardio: "'Esta é a rua Florida? Mas não era tão estreita antes'. Responderam-me que havia sido estreita assim sempre. Pelo visto, meu carinho a havia transformado em algo que podia competir com os Champs-Élysées".

A segunda viagem de Ocampo à Europa é referida nas "Cartas a Delfina", dirigidas a Delfina Bunge, e o teor é muito diferente. O momento de composição do texto e a mudança de destinatário explicam em parte essa diferença. Se a viagem de 1896 consistia em recordações resgatadas por uma adulta, mais de meio século mais tarde, para um público amplo que lê sua autobiografia, a viagem de 1908-1910 é registrada em cartas a uma interlocutora privilegiada, a amiga querida que ficou para trás em Buenos Aires e que também é a admirada "garota mais velha" (e escritora em embrião) que se quer impressionar. A escrita é, como a de toda carta que narra uma viagem, quase simultânea à experiência. O gênero epistolar molda esse imediatismo, permite expressar uma *sentimentalidade* — carinho, saudade, tristeza — que nem sempre aparece quando se recorre a outro gênero. A nostalgia aparece como motor central da escrita, vislumbra-se inclusive antes de que se inicie a viagem: "Talvez façamos uma viagem à Europa em novembro. Paris. [...] Viajar! Há de ser triste. Apego-me demais ao que me cerca. [...] Creio que não se pode viajar sem pagar em moeda de nostalgias". Esse sentimento de falta, que não chega a preencher, é o preço da viagem: "Eu gosto de Paris. Mas lhe escrevo para falar de minha saudade de Buenos Aires". Embora a viagem seja aqui notícia, e não recordação — contam-se as novas atividades de Paris, os cursos no Collège de France, os retratos que Helleu faz dela, a viagem a Roma, as férias na Escócia com os tios Urquiza —, coexiste a descoberta do *aqui* com a consciência da falta do *lá*: "Agora sinto falta do sol, do céu de minha terra. Pela primeira vez, compreendo que a terra em que nascemos nos mantém atados. Quero a América". O trauma da separação, apagado da recordação da primeira viagem, fica registrado nessas cartas. O *continuum* é substituído pela oscilação entre dois polos: por um lado, a Argentina; por outro, a Europa, ou seja, sobretudo, a França.

O gênero ao qual Ocampo recorre para narrar essas duas viagens precoces — autobiografia e carta — leva à reflexão sobre a *forma* do relato de viagem em sua obra. Diversamente de muitos cultores do gênero — lembremos por exemplo os grandes viajantes do século XIX como Sarmiento, que fazem do relato de viagem um exercício pedagógico, ou os cronistas do século XX, muitos deles jornalistas, que mencionam a aventura como divertimento —, Ocampo não se limita a uma só maneira de contar suas viagens. Poder-se-ia dizer que a viagem está em tudo o que escreve, que sua obra, como bem vê Beatriz Sarlo, é toda ela uma *translação* e que, ao narrar uma viagem, Ocampo está narrando, acima de tudo, a si mesma. O uso da primeira pessoa, tão necessário, como se disse, para obter a adesão do leitor nos relatos de viagem, é aqui multiplamente fecundo: narro esta viagem em primeira pessoa para convocar a um você leitor que me acompanha e vê comigo, mas também narro em primeira pessoa porque a viagem é parte integrante de minha pessoa, é exercício de autorrepresentação e de autoconhecimento. Seja depoimento, seja relato de vida, seja correspondência, a viagem me permite ser.

INDEPENDÊNCIA E GÊNERO

Ao reconstituir as viagens de Ocampo a partir de fragmentos escritos em tempos e gêneros diversos, com o propósito de estabelecer uma cronologia, pode-se captar não só a diversidade da experiência cultural, como o democrático fervor com que aprecia encontros e acontecimentos praticamente simultâneos, mas de índole muito diferente. A viajante experimenta tudo e se entusiasma com tudo e com todos, trava relação com o ícone cultural estabelecido e a estilista tão ou mais original, Ravel e Chanel, Valéry e Misia Sert, a mesa de cozinha e os talheres de prata, no melhor estilo Eugenia Errázuriz. Assim, as viagens de 1929 e 1930, embora não sejam as primeiras que ela faz à Europa como adulta, são as primeiras que realiza como mulher independente e sobretudo consciente dessa independência. A perspectiva a partir do gênero é crucial em todos esses textos, não só pelo fato de Ocampo ser mulher, mas porque durante sua vida inteira fez do gênero um componente importante de sua reflexão e de sua escrita. Não é que pense "como mulher", porque tal generalização não existe. Ocampo pensa e escreve, em vez disso, *a partir do ser mulher*. Nesse sentido, não é por acaso que dedica uma de suas crônicas de viagem de 1929 a Chanel, cuja concepção revolucionária da moda, baseada na *praticidade*, permitia uma liberdade de ação até então desconhecida, e em particular ao uso que Chanel faz do *chiné*, esse jaspeado que é uma *mistura* de cores e texturas. Essa praticidade, essa renovação mediante misturas *high and low* impressionam Victoria porque se reconhece nelas vital e intelectualmente: não seria um equívoco ver suas tentativas de misturar experiências culturais de forma proveitosa como outro tipo de *chiné*.

A viagem de 1930 permite a Ocampo estreitar vínculos com figuras que já começara a conhecer em viagens anteriores e descobrir interlocutores novos. Frequenta Drieu la Rochelle, Fargue, Lacan, Stravinsky, Fondane. Drieu apresenta-a a Malraux e a Huxley; Adrienne Monnier e Sylvia Beach recomendam a ela que leia Virginia Woolf. Mas talvez a maior novidade dessa viagem seja que, pela primeira vez, não termina na Europa. A pedido de Waldo Frank, com quem projeta uma revista que virá a ser *Sur*, viaja de Paris a Nova York na primavera de 1930. No início, essa parte da viagem é percebida mais como desenraizamento do que como aventura: "Parti de Paris para desembarcar, uma manhã, como prometido, em Nova York e falar ali da revista com Frank". Apesar dessa promessa, a viagem é feita a contragosto e é postergada várias vezes. "Estava presa a Paris sem me decidir a dar esse salto sobre o Atlântico em direção oposta à de meu país. Sentia-me condenada a esse salto, muito mais do que desejosa de fazê-lo." Em Paris, acaba de organizar uma exposição de desenhos de Rabindranath Tagore e muito contrariada se vê obrigada a recusar o convite para viajar com ele à Índia: "Esse foi meu primeiro grande sacrifício à revista ainda não nascida", observa, referindo-se ao trabalho de preparação do que, um ano mais tarde, seria a revista *Sur*.

"Parti de Paris"; "presa a Paris"; "condenada a esse salto": à primeira vista, essa retórica de violência e renúncia parece pouco apropriada para falar de um novo espaço e de uma nova aventura intelectual. Reflete, isso sim, a lógica de substituição que caracteriza, pelo menos no início, a imagem que Ocampo se forja dessa nova cidade. Mas embora Nova York gradualmente substitua Paris, o outro espaço de produção cultural, nunca perderá totalmente, para Ocampo, seu caráter inatingível, indefinível. Não herdou Nova York como herdara a Europa, e sobretudo a Paris de seus antepassados, não vai ao *déjà vu*. Deve construir sua Nova York por aproximação e exclusão, recorrendo ao familiar para obliterá-lo, mas não suprimi-lo totalmente, de maneira que fique, como em um negativo fotográfico, a imagem do contradito em potência, contaminando a perspectiva. Resumindo essa lógica, pode-se dizer que Nova York, para Ocampo, aparece a princípio como uma Paris-não-Paris. E também como uma Buenos

Aires-não-Buenos Aires. Ou como ela mesma escreve, em letras maiúsculas: é OUTRA COISA.

Nova York é a cidade que fica fora do itinerário ritualizado e proveitoso que anos de dependência cultural ratificam. Em notável contraste com outros latino-americanos, provenientes sobretudo do México e do Caribe, o argentino (apesar da viagem pedagógica de Sarmiento) não viajava com frequência a Nova York, ou, pelo menos, não viajava *diretamente* a Nova York. Ia a Nova York quando voltava da Europa, ou seja, Nova York não era a meta, mas a escala de *outra* viagem cultural, a verdadeira, como *de lambuja*. Era o vértice menos prestigioso do triângulo, menos desvio cultural que vantagem econômica: ia-se a Nova York para fazer compras, mas não se comprava cultura. A própria Ocampo reconhece essa tradicional falta de interesse por Nova York, da qual os salva — a ela e seus compatriotas —, diz, a oportuna intervenção de Waldo Frank: "Alguns (entre os quais me incluo) devemos a Frank ter voltado o olhar para o Norte de nosso Novo Continente. Até então — salvo raras exceções, e penso em Sarmiento — tínhamos o olhar continuamente fixo na Europa".

Nessa primeira viagem na primavera de 1930, Nova York, para Victoria, é por certo *terra incógnita*, a tão anunciada vista da cidade obliterada pela neblina à medida que o navio *Aquitaine* entra no cais. A chegada, em mais de um aspecto incômoda, fica resumida, como frequentemente em Ocampo, no detalhe trivial e significativo: "Fazia calor e o calor sempre me incomodou. Eu me sufocava com um *tailleur* de lã (o mais lindo *tailleur* da coleção Chanel 1930), que tive que deixar quase abandonado devido à temperatura". O terninho francês, superlativamente elegante, *não serve* em Nova York, apesar de sua praticidade e seu *chiné*: é preciso abandoná-lo. Não se pode *prever* Nova York, nem há guia que permita decifrá-la: "Nova York não era para mim mais do que uma nova, imensa grande cidade desconhecida. Não me sinto atraída senão pelas cidades cravadas de recordações ou de sonhos pessoais. E ainda não havia sonhado com Nova York".

Apesar de Waldo Frank, empenhado em fazê-la ver essa viagem a Nova York como uma espécie de retorno a *"Our America"*, a cidade revela-se completamente nova, menos espaço de reflexão do que espaço de incorporação: "a cidade, o caráter inédito de sua grandeza (a partir da entrada em seu porto), me espantou a tal ponto que quase esqueci o resto [...] Meu apetite de Nova York era onívoro. Ia de um arranha-céu a um *griddle cake*". Para cifrar sua surpresa diante da cidade, Ocampo recorre a uma espécie de exotismo deliberado e jocoso. À neblina inicial que encobre a vista urbana, segue-se a percepção, a partir de sua janela sobre o Central Park, de uma desordem primordial, em que o barulho do trânsito e as sirenes dos carros-bomba se misturam com os rugidos de leões e tigres do zoológico do Central Park, particularmente de madrugada, quando "o antediluviano e distante rugido de alguma fera enjaulada" a impede de dormir. A selva urbana atravessada por rugidos de feras: proponho que este insólito exotismo, que desloca Nova York para o Trópico, é uma maneira de manipular a estranheza fundamental de uma nova cidade *americana*, mais *americana* (ou seja, *não europeia*) que a própria Buenos Aires: "Estávamos na selva ou na metrópole mais moderna do planeta?" — acrescenta — "Tudo era inverossímil".

A partir dessa *inverossimilhança*, Ocampo descreve o grupo humano que mais chama sua atenção: não a multidão nova-iorquina, que frequentemente atrai o viajante, mas a coletividade negra que encarna, de algum modo, a *diferença norte-americana*. Mais exatamente, representa-a, no sentido teatral do termo. Isso literalmente: Ocampo fica deslumbrada com a representação de *Green Pastures*, mas também assiste a outro tipo de performance, vai em companhia de Waldo Frank e Emmanuel Taylor Gordon ao Cotton Club, onde a orquestra de Duke Ellington a leva a declarar que "a violência rítmica do jazz de Duke Ellington é única. Me faria voltar a Nova York, embora não fosse mais do que para submergir nela de novo". Com os mesmos acompanhantes, vai também ao Savoy, e, com eles e Sergei Eisenstein, a um culto em uma igreja evangélica negra. O Harlem, obrigação turística da época, é visto como "um grande teatro" e os negros, como "ator[es] nato[s]": passaria horas, diz Ocampo, ouvindo-os cantar, vendo-os dançar. Envia à sua família uma descrição em francês e em prosa decididamente "artística" de sua visita ao Harlem. Retoma a mesma descrição, ampliando-a, em uma conferência que profere em Madri no ano seguinte, na Residencia de Señoritas, e que depois publica como ensaio em seu primeiro volume de *Testimo-*

nios. Por fim, dedica várias páginas aos negros de Nova York no sexto volume de sua autobiografia. Em todos esses exercícios, observa-se a mesma entusiasmada negrofilia, para usar o acertado termo de Petrine Archer-Straw, a mesma problemática objetificação do sujeito negro (tem "sabor", tem "cor") que as vanguardas praticam, a mesma simpatia paternalista (os negros recordam a ela os empregados e as empregadas de sua infância) e o mesmo inescrupuloso racismo. Em todos, o negro funciona como fetiche, para significar, em termos de uma alteridade vigorosa e ao mesmo tempo esteticamente persuasiva, uma diferença norte-americana que somente mais tarde Ocampo formulará em termos diversos. "O americano não me pareceu mais um inglês deslavado ou um espanhol desbotado, mas sim OUTRA COISA, um novo produto em elaboração." O americano — seja do norte ou do sul — não é cópia inferior do metropolitano, mas sim *o outro* do metropolitano.

Notavelmente, Ocampo usa pela primeira vez o termo *testimonio* [depoimento], gênero que passará a caracterizar sua obra inteira, como título do primeiro capítulo que encerra essa primeira viagem aos Estados Unidos. O texto, uma espécie de manifesto americanista, é dedicado ao fotógrafo Alfred Stieglitz e à sua galeria nova-iorquina, An American Place, onde ela finalmente consegue reconhecer um espaço cultural novo e reconhecer-*se* nele. Quando ela entra em An American Place de Stieglitz, na Madison Avenue, sente-se finalmente, diz, "como em minha casa" e intui também o reconhecimento de uma comunidade intelectual:

> Homens e mulheres que sofremos do deserto da América porque levamos ainda em nós a Europa, e que sofremos do sufoco da Europa porque já levamos em nós a América. Desterrados da Europa na América; desterrados da América na Europa. Grupinho disseminado de Norte a Sul de um imenso continente e sofredor do mesmo mal, da mesma nostalgia, nenhuma *mudança de lugar* poderia curar-nos definitivamente. [...] *An American Place...* Jamais haveria me ocorrido que um oásis pudesse ter esse nome.

Como aponta certeiramente Beatriz Sarlo,

> Nova York permite a ela pensar Buenos Aires de um modo diferente do que, até esse momento, Paris lhe havia permitido. De fato, a relação Buenos Aires-Paris (ou Londres) era uma relação marcada pela ausência de qualidades em um dos pontos: Buenos Aires não tinha o que Paris tinha. Sendo assim, em Nova York, Victoria Ocampo descobre uma cidade que *também não* tem o que Paris tem e que, *no entanto*, é igualmente fascinante. Nova York ensina a ela outra possibilidade, americana, da cultura.

O relato do regresso à Argentina, depois dessa viagem decisiva, ocupa as duas últimas páginas do sexto volume da autobiografia de Ocampo. O fato é duplamente insólito: primeiro, porque Victoria não costuma narrar regressos, e sim partidas. Segundo, porque essas páginas não só põem um ponto final nesse volume de sua autobiografia, como na autobiografia inteira. Com esse retorno a casa, e com o projeto de *Sur*, conclui uma etapa: "A partir desse momento, minha história pessoal se confunde com a história da revista". Nesse contexto — às vésperas de *Sur* e de uma Victoria a ponto de assumir plenamente seu papel de mediadora cultural —, o relato desse regresso é significativo. Nele, duas coisas chamam a atenção: por um lado, a ênfase na volta para casa; por outro — mas talvez seja o mesmo —, a ênfase na língua materna. Nem bem cruza o canal do Panamá, Victoria ouve falar espanhol e se sente outra:

> O fato de ouvir — repentinamente — falar espanhol por todo lado não me era indiferente. O laço de parentesco que a língua estabelece é extremamente forte e desperta ecos em nós imediatamente. As ruas sujas do Panamá me irritavam e me emocionavam. Muita cor local, asseguravam os passageiros do *Santa Clara*. Eu me dizia: "Não. Em todo caso, não para mim. Eu já estou em casa".

Com razão Cristina Iglesia vê essa viagem de 1930, que abrange três continentes, como viagem iniciática. Esse reconhecimento de "nossa América" consolida por fim, para essa desterrada da Europa na América e desterrada da América na Europa, seu projeto. *Sur* será, de alguma maneira, sua volta para casa.

USA EM VERSÃO DUPLA

Em maio de 1943, convidada pela fundação Guggenheim, Ocampo regressa aos Estados Unidos pela segunda vez e ali passa seis meses, a maior parte do tempo em Nova York, mas também viajando pelo resto do país. Como no caso da viagem de 1930, há diversas versões dessa estadia em cartas, por um lado, e depoimentos, por outro, sendo a mais completa possivelmente a coleção de crônicas de "USA 1943". O texto é decididamente ágil, não só faz alarde quanto à sua nova familiaridade com o espetáculo urbano nova-iorquino, como de certa excitação que, na falta de melhor nome, chamarei cultural. Dessa vez, não se viaja à "nova, imensa grande cidade desconhecida": dessa vez, trata-se, sim, de um retorno. Victoria recorda Stieglitz, em 1930, olhando os arranha-céus e perguntando-se: *Is this beauty?*", e resolutamente responde: "Quem duvida, querido Stieglitz! A beleza já nasceu junto à vida em seu desconcertante país. [...] Aprendi não somente a admirar, mas também a gostar dos Estados Unidos: isso é o que quero dizer sem demora".

Mencionei o entusiasmo desse texto, sua aparente agilidade, seu tom excitado. Não pouco tem a ver com esse tom o fato de que os Estados Unidos haviam entrado finalmente na Segunda Guerra Mundial e esta se manifesta em uma série de detalhes que quebram a rotina, criando uma atmosfera febril cuja energia, entre gozosa e desesperada, Ocampo capta admiravelmente ao evocar os fanáticos que fazem fila para ouvir Harry James, os meninos e meninas de uniforme a ponto de serem enviados à Europa, os musicais da Broadway, *Casablanca*, os desafios que o prefeito La Guardia lança à Luftwaffe, Frank Sinatra, os racionamentos, os ensaios periódicos de escurecimento. Presa desse frenesi, a própria Ocampo multiplica suas atividades, visita uma exposição de armamentos de guerra (onde a prendem e interrogam por fazer anotações), visita o centro naval de treinamento das WAVES no Bronx, entusiasma-se com os uniformes desenhados por Mainbocher, queixa-se dos chicletes que sujam as calçadas da cidade, regressa ao Harlem onde, depois de um culto, apresentam-na ao pregador, Father Divine, não como "Victoria Ocampo", mas sim como "South America"; descobre os *donuts*, os hambúrgueres, os *griddle cakes*, "cujo sabor [...] se descobre pouco a pouco, quanto mais se vai comendo" e dos quais se tem saudade, proustianamente, nem bem se sai do país. Se algo consegue essa segunda viagem é consolidar sua adesão a Nova York, cidade que admira do último andar do Empire State Building, como uma das "encarnações mais assombrosas, sob uma de suas formas mais excessivas, esplêndidas e desorganizadas" dos Estados Unidos. Esse entusiasmo se torna extensivo às viagens que Ocampo realiza fora de Nova York, nas quais sempre há algo, um detalhe, que lhe permite reconhecer, por assim dizer, o americano como próprio. Uma exposição de flores de vidro em Harvard comove-a até as lágrimas porque reconhece uma catalpa como as da Argentina; uma visita a Mount Vernon junto com Saint-John Perse leva-a a evocar a chácara Pueyrredón e ver o parentesco entre os dois lugares; uma excursão a Muir Woods, perto de São Francisco, com Waldo Frank, permite a ela identificar os *redwoods* antes que seu amigo:

> Dos dois americanos, o do norte e a do sul, a do sul havia identificado a espécie e a variedade [...] A verdade é que não se tratava de "conhecimentos" botânicos, mas de "reconhecimento". Como eu não iria reconhecer uma árvore que havia crescido junto comigo em uma chácara de San Isidro?

Ao registrar seu entusiasmo em 1943, Ocampo tem consciência de que deixa algo de lado, algo que não cabe dentro das crônicas dessa *wartime New York*, e cuja existência registra no prefácio a "USA 1943" como um resto pessoal: "Algo do que mais me comoveu nos USA ficou em cartas dirigidas a dois ou três amigos. Algum dia, depois de outra viagem (que será a terceira), talvez trate de aproveitar esse material". Talvez as cartas a Roger Caillois escritas durante essa viagem (e publicadas meio século mais tarde) e a recordação de seu encontro com Cocteau, também recolhida muito posteriormente, fossem parte desse "material" que ficou à margem de "USA 1943", desaproveitado ou, seria mais justo dizer, reprimido.

Em 1943, Roger Caillois, o escritor francês que Victoria havia convidado à Argentina, reside em Buenos Aires, onde foi surpreendido pela guerra. Não conhece Nova York, nem sequer fala inglês, e nesse caso, como os leitores dos relatos de viagem típicos, é o que foi deixado para trás, de maneira tanto mais dramática na medida em que a maioria de seus compatriotas exilados se refugiou em Nova York. Ocampo, que ocupa a posição forte — agora "conhece Nova York", tanto a cidade como algumas de suas personalidades, fala inglês e, *last but not least*, é, para Roger Caillois, a mulher "mais velha" bem relacionada, ex-amante e mecenas —, "conta" Nova York a Caillois, mas uma Nova York notavelmente diferente da que oferece ao público leitor mais amplo de "USA 1943". Diverso ponto de vista, diverso gênero, diverso interlocutor, diverso propósito: *outra cidade*. A essas diferenças cabe acrescentar, mais uma vez, a diferença do momento de escrita: as cartas a Caillois são escritas imediatamente, enquanto Ocampo está em Nova York; o texto de "USA 1943" é escrito quando ela já está de volta à Argentina, no ano da viagem, em Mar del Plata, durante o verão de 1944. Com sua viagem de 1943, Ocampo não só constrói uma imagem de Nova York que difere significativamente da imagem que havia proposto em 1930, constrói *duas* imagens de Nova York que diferem significativamente entre si.

Se nos ativermos somente à leitura das cartas a Caillois, esquecendo por um momento a de "USA 1943", Nova York não se apresenta como *an American place*, ou mais exatamente, *não somente* como *an American place*. Os conhecidos ou amigos norte-americanos de Ocampo da década anterior foram deslocados por outra comunidade que de algum modo ela conhece melhor (e que Caillois sem dúvida conhece melhor), a dos intelectuais franceses exilados em Nova York durante a guerra. Ocampo retoma amizades interrompidas: Jacques e Raissa Maritain, Denis de Rougemont, Étiemble, Saint-John Perse. Nova York, nessas cartas, não é a *swinging city* cheia de vigor que pintou antes. Admira-se, sim, certa força técnica, anônima e padronizada, cuja metáfora seria a perfeitamente sincronizada atuação das Rockettes da Radio City. Aquilo é "belo como os carros e as pontes, belo como os aviões quando voam em V, como os pássaros". Mas a imagem de Nova York que surge dessas cartas é, sobretudo, a de uma cidade melancólica, lugar de nostalgia e de morosos inventários, em que se rememora não a distante Buenos Aires, nem também a Nova York de dez anos antes, mas a Paris apagada pela guerra. Quando Ocampo vai ao museu, o retrato de Montesquieu pintado por Whistler recorda a ela a vez em que Montesquieu, por engano, trancou no quarto no Majestic sua irmã Pancha, e essa recordação, escreve a Caillois, "fez com que Paris me desse um nó na garganta". Quando vai a uma exposição, as pontas-secas de Helleu são como "um álbum de fotos de minha família". Quando sai para passear, vai ao cais ver o *Normandie*, varado no Hudson, o mesmo navio que, se não houvesse sido declarada a guerra, teria levado Paul Valéry a Buenos Aires, "e me parecia que essa espécie de enorme esqueleto queimado, vomitando água por todos os orifícios, e endireitando-se tão lentamente que o movimento era quase imperceptível à vista, era o símbolo de muitas coisas". A "horrível melancolia" que diz sentir só é amenizada pelo espetáculo do *Richelieu*, ancorado mais acima no Hudson, com suas bandeirinhas francesas que lhe recordam, diz, a bandeira da Câmara dos Deputados na Place de la Concorde, tão bela de noite. Essa reconstrução da Paris de 1943, derrotada e inacessível, da qual o *Normandie* é símbolo, substitui Nova York nessas cartas. Embora subsistam nelas pequenos restos de um cotidiano diurno, a cidade se apaga para dar lugar à ausência da outra, se torna lugar de comemoração. Não descarto, evidentemente, o fato de que essas cartas estejam dirigidas a um ex-amante cuja perda bem pode haver influenciado na representação da cidade. Nova York significaria assim um luto duplo: pela França e por uma relação.

Nova York, nas cartas a Caillois, funciona como negativo de Paris. Prova adicional dessa francofilia que nubla entusiasmos americanos é o fato de que nunca aparecem nessa correspondência nomes dos amigos norte-americanos de Ocampo, Alfred Stieglitz, Lewis Mumford, os *Young Intellectuals* que Waldo Frank havia apresentado a ela. Somente aparece o nome de Langston Hughes, *"le poète nègre"*, como o descreve a Caillois. Outra vez Nova York negra, mas somente em um encontro episódico. Referindo-se anos mais tarde a essa estadia em Nova York filtrada por uma sensibilidade francesa ameaçada, Ocampo escreve: "A França estava ali, mas como em um ataúde. Já era a Grécia".

As duas imagens da cidade — a animada Nova York da guerra, o *swing* e os *griddle cakes*, ou a Nova York que significa a perda de Paris —, embora condicionadas pelos interlocutores aos quais estão destinadas, resumem além disso a ambivalência de Ocampo, uma espécie de insegurança cultural. Enquanto não apareçam essas *"quelques personnes et quelques choses"* que deem ocasião para a futura memória, ancorando a recordação do que se vê pela primeira vez e tornando-o digno de ser entesourado, há *desajuste*. Assim ocorre entre Nova York e Ocampo. Uma frase de uma carta de Caillois é eloquente: "Nada do que sinto, nada do que amo tem *appeal* para este país. Isso me deprime às vezes, mas sei que é bobo esperar outra coisa. Nem o *momento*, nem as *circunstâncias* me são propícios. O importante é permanecer flexível". A resignada frase, com seus ecos flaubertianos, parece mais desengano amoroso que decepção cultural. Fala mais de mal-entendidos, de desencontros, do que de uma relação significativa com uma cidade, com um país e com sua gente.

POS-GUERRA E DESENCANTO:
UMA POÉTICA DE RUÍNAS

Terminada a Segunda Guerra Mundial, Ocampo viaja em 1946 à Inglaterra, França e Alemanha como convidada do British Council. Essa viagem, registrada mais uma vez em depoimentos e cartas, marca uma mudança decisiva em seus escritos de viagem, talvez em sua concepção do viajar. Espécie de peregrinação às ruínas, a viagem de Ocampo a Londres, Paris e Nuremberg testemunha o patetismo dos escombros, a impotência da imaginação para preencher o que falta diante da magnitude e do imediatismo da perda: as sequelas do trauma, um trauma coletivo pelo qual se sente afetada, impedem isso. De algum modo, a metáfora à qual recorre na viagem de 1943 se tornou realidade. França — a Europa inteira — já é a Grécia.

Talvez para distanciar-se de uma Londres mudada, uma Londres estrepitosamente entregue a celebrar o aniversário da vitória aliada em 1946, Ocampo viaja sozinha nesse dia a Clouds Hill, em Dorset, à casinha onde Lawrence passou seus últimos anos. É, de algum modo, uma viagem ritual, em que, diante da destruição tão recente, ela busca retomar contato com uma de suas grandes amizades literárias. Não consegue. A presença do guardião da casa — a quem teria querido dizer "Por favor, não me mostre essa casa. O senhor me impede de vê-la" — interpõe-se com seu palavrório entre ela e suas recordações, frustra a conexão com o ausente. A visita é uma espécie de adeus ao monumento vazio: algo cortou a conexão da viajante com suas outras moradas, e o diálogo *in situ* já não funciona. Paradoxalmente, fala-se melhor quando se está de volta: "Sentia falta das barrancas do Rio da Prata, onde tão intimamente havia dialogado com T.E.". A mesma dificuldade de contato direto marca sua estadia na França, quando visita as praias do desembarque aliado, salpicadas de ferrugem e de minas ainda não desativadas. Tanto Deauville, que a faz pensar "em um Mar del Plata pobre e enferrujado", como Caen, onde assiste a um culto na catedral em ruínas, através de cujo teto destruído pode ver o céu, lhe parecem "monumentos abandonados" que deixaram de ser lugar de reunião. Não só os edifícios merecem esse apelativo: surpreendentemente, na mesma carta a José Bianco e a sua irmã Pancha, Victoria confessa que começou a ver Paul Valéry do mesmo modo.

A visita a Nuremberg no mês de junho, momento culminante desse itinerário, sem dúvida resume esse desencanto que vem se gestando ao longo da viagem. Victoria Ocampo permanece ali vários dias, assistindo ao julgamento de vários hierarcas nazistas, e o texto que resume a experiência, "Impresiones de Nuremberg", é sem dúvida um dos exemplos mais significativos de sua excepcional capacidade como testemunha. O eu de "Impresiones", não menos autobiográfico que o eu de seus outros textos (e não menos marcado pelo gênero: é a única mulher convidada e observa, por outro lado, a ausência de mulheres entre os acusados), sabe no entanto que seu lugar nessa crônica, em relação à magnitude dos fatos que narra, é mínimo.

Esse admirável (e nela não muito frequente) distanciamento da primeira pessoa, apontado pelo oportuno menosprezo de que Ocampo é vítima — seus companheiros de viagem mal lhe prestam atenção: "eu parecia ser uma espécie de mulher invisível" —, permite a ela um anonimato fecundo, um olhar novo que intensamente capta o insólito, o absurdo, o grotesco; um olhar que, ao passar pelo espetáculo da cidade destruída, deparando-se com a curiosidade hostil dos sobreviventes, se sabe "horrivelmente indecente". Como nunca, a crônica da experiência em Nuremberg corresponde ao matiz, capta o detalhe, adivinha que o normal se torna exceção em um mundo que deixou de sê-lo. As "rosinhas vermelhas que brotavam em uma cerca", uma simples laranja em um prato, ou dois limpadores de chaminé que passam pela cidade coberta de escombros são tão extravagantes, tão *uncanny*, como os acordes de um tango que reconhece no salão de seu hotel. Depois da catástrofe, o mais mínimo detalhe em Nuremberg se torna estranho: assim o uniforme de Göring que agora fica grande nele porque perdeu peso, ou a postura desarticulada de seus braços ("não mudou de postura durante os dias em que acompanhei o processo"), ou a modesta manta cinza que cobre as pernas de Hess, ou os gestos histriônicos de Alfred Jodl, que evocam os de Stan Laurel em *O gordo e o magro*, ou — porque o olhar implacável da testemunha aqui nivela o atroz e o trivial — a pele humana "com uma bailarina tatuada, destinada a tornar-se tela" que vê, entre outras atrocidades, na "sala dos *exhibits*".

AS VIAGENS DA MATURIDADE:
A VIAJANTE E VÁRIAS DE SUAS SOMBRAS

"Sempre fui má viajante porque minhas verdadeiras viagens prescindem de aviões, de transatlânticos, de trens. E, entretanto, se não houvesse viajado, haveria muita gente — ou melhor dizendo, algumas pessoas e algumas coisas — que eu não haveria conhecido nunca", escreve Ocampo a Caillois. É indubitável que a guerra marca uma mudança importante nessas viagens de conhecimento de Ocampo, e que seus deslocamentos a partir dos anos 1950 se tornam mais repetições do que verdadeiros achados, viagens em que se retorna ao seguro, ao conhecido. Onde havia o entusiasmo do reencontro agora há, frequentemente, luto. Há mortos: Drieu, o mais importante; e nos Estados Unidos, a lenta e implacável deterioração de Gabriela Mistral, a quem Victoria visita em sua casa em Roslyn Park e ouve delirar, falando de Mussolini e preocupando-se com o futuro da República espanhola. Já não só a França e a Europa, mas sim tudo, parecem dizer muitos dos textos dessa época, se torna um pouco a Grécia. Victoria Ocampo viaja menos. *Sur* a retém mais tempo na Argentina, o governo de Perón priva-a durante dois anos de passaporte e a obriga a cancelar uma viagem a Turim, onde Stravinsky pedia a ela que participasse mais uma vez da representação de *Perséphone*, e a recusar um convite a Porto Rico. Com a queda de Perón, o novo governo considera nomeá-la embaixadora na Índia, honra à qual renuncia.

Isso não significa que Victoria Ocampo deixe de viajar, mas o fará decididamente em tom menor, mesmo quando há algum motivo oficial envolvido, como, por exemplo, a doação de sua casa de San Isidro para a Unesco. As viagens voltam a ser "viagens de família", como na infância, só que a dinâmica mudou. Não se viaja "com a família", mas sim "para a família", essa família de amigos que se tornou tão indispensável a ela como a sua própria.

Quando, em 1979, por ocasião de sua morte, me pediram um artigo sobre Victoria Ocampo nos Estados Unidos, falei ao acaso com alguns desses amigos, com Vera Stravinsky, Victoria Kent e Louise Crane, Sylvia Marlowe. Ninguém parecia ter ideia clara do que ela fazia em Nova York, salvo visitá-los e ir muito ao cinema. ("Parecia deprimida", recordo que me disse Marlowe.) A *flânerie* pela cidade se torna errância, deriva sem rumo, como comprovam certas caminhadas por Nova York:

> Ontem, voltei para casa, pois, e como estava com fome fui comer um *griddle cake* na cafeteria do Mayflower da Quinta Avenida. Caminhei um pouco: olhei as lojas. Entrei nas lojas. Saí por causa do calor. Voltei a entrar em outras por causa do frio da rua. Quando me aquecia saía. Quando me esfriava entrava de novo por alguma *revolving door* de grande loja (*Cartas a Angélica*).

Nova York e o mundo inteiro parecem uma *revolving door*, onde se entra sem cessar e de onde sem cessar se sai com impaciência: não se encontrou completamente o que se buscava. Victoria sem dúvida continua viajando, como o comprovam seus depoimentos tardios e suas *self-interviews à la* Truman Capote, mas, diversamente de suas viagens anteriores, *não se hospeda*.

Recorrendo à recordação pessoal, tenho que dizer que fui testemunha, e partícipe nem sempre bem-disposta, dessa errância e dessa impaciência, tanto em Nova York como em Paris. Ia-se com Victoria ao cinema, daí a pouco se saía do cinema (não gostava do filme), se ia tomar um chá, mas algo se interpunha e se mudava de rumo, e assim sucessivamente. Um dia, em Nova York, me rebelei. Sempre curiosa pelo novo, Victoria havia insistido em ver um filme inglês *soft porno*, *The Naughty Victorians* (que declarava ser "*the first totally erotic major motion picture*" [o primeiro grande filme totalmente erótico]), no lugar de *A flauta mágica*, que eu havia sugerido. Aborreceu-se após dez minutos ("isso é sempre igual, *che*") e declarou que iria embora. Eu fiz o insólito, fiquei. À noite, telefonei para ela, sentindo-me culpada por não a ter acompanhado, e ela quis saber "como terminava". Quando lhe contei o final — em que se realizava uma espécie de justiça poética que resultava em uma vitória para as mulheres —, comemorou com uma enorme gargalhada. Não sobravam restos do mau humor da tarde.

Não posso deixar de registrar outra recordação de viagem, poucos anos antes de sua morte. Encontramo-nos em Paris. Havia me pedido que a levasse de carro, no começo da tarde, já não me lembro onde (talvez para visitar Alain Malraux ou Francine Camus: queixava-se de que agora só lhe restavam os herdeiros), e me propôs que almoçássemos antes no Fouquet's. Receberam-na como a recebiam na maioria dos lugares em Paris, como uma grande duquesa. Sentamo-nos, pedimos algo — ela recomendava sempre: aqui, tal ou qual coisa é muito gostosa, peça, *che* — e enquanto comíamos (tínhamos pouco tempo) olhava a seu redor. De repente, disse "é um pouco *Morte em Veneza*, não?", e diante de meu olhar perplexo mexeu a cabeça para trás e para um lado. Sentados nessa mesa, havia dois homens pequeninos, gordos, ricos, e uma mulher igualmente pequenina e gorda, que devia ser esposa de um deles. E ainda o que havia suscitado o comentário, um adolescente belíssimo de uns doze ou treze anos, com o cabelo loiro, encaracolado, que chegava quase até os ombros. Continuamos comendo em silêncio, enquanto o menino pedia dinheiro ao que supusemos que era o pai. De repente, Victoria se levantou de um pulo, jogou algumas cédulas sobre a mesa, disse Vamos! e saiu correndo, e eu ofegante atrás dela, recordando-lhe que nos esperavam em outro lugar, correndo atrás do garotinho que já ia pela avenida George V com os cabelos ao vento. Recordo a cara deslumbrada de Victoria e o sorriso triste à medida que seu Tadzio se afastava. Recordo que tinha 83 anos. Recordo minha admiração. Estava sempre pronta para ver a beleza e se deixar comover por ela. Continuava viajando.

"UMA TOSCA ESTATUETA DE BARRO": FIGURAÇÃO DE ALEJANDRA PIZARNIK

> *Escrever o dia inteiro. O dia inteiro buscar os nomes. Construir minha figura. Não digo transfigurar-me. Embora saia uma tosca estatueta de barro, risível, ridícula.*
>
> ALEJANDRA PIZARNIK
> *Diarios*, 12 de março de 1965.

> *A única desgraça é ter nascido com este "defeito": olhar-se olhar, olhar-se olhando.*
>
> ALEJANDRA PIZARNIK
> *Diarios*, 12 de outubro de 1962.

Quero pensar a performance Pizarnik. Pensá-la não como traço incidental, nem também como alternativa à sua escrita, porém como mais uma manifestação dessa escrita, talvez a mais significativa: pensá-la como uma *construção* tão calculada e elaborada como quaisquer de seus textos. Quero pensar como Pizarnik articula uma *figura* com seu corpo e com sua letra, uma figura que apela — mais ainda, demanda — ao olhar do outro porque sem o outro não há figura, ou seja, sem o outro não há eu. Ela escreve em seu diário: "Incrível como preciso das pessoas para saber-me eu".[1]

Entre as muitas imagens que guardo dela, uma se impõe. É verão, pouco depois de nossos respectivos retornos de Paris. Estamos ela e eu passando alguns dias no apartamento de seus pais em Miramar, balneário que, por alguma razão que não recordo, rebatizamos como Nachtna (como duas menininhas, brincamos com as palavras, divertem-nos os disparates verbais, as conotações vulgares). Ficamos conversando, bebendo e fumando até tarde, e eu acordei de ressaca. Da cama de onde é difícil eu conseguir sair, vejo, pela porta entreaberta, Alejandra, que já havia se levantado (e aparentemente sem ressaca), sentada na mesa da copa ao lado, com um livro aberto — *Amerika* de Kafka — e com seu diário, no qual escreve assiduamente com uma daquelas suas canetas "muito especiais", porque, apaixonada por instrumentos de escrita, sofre daquilo que, aludindo a uma antiga papelaria de Buenos Aires, ela mesma chama o "com-

---

1   Alejandra Pizarnik, *Diarios*. Org. Ana Becciu. Barcelona: Lumen, 2003, p.230.

plexo Peuser". Provavelmente seriam nove horas da manhã. Alejandra já está *compondo*.

Não sei o que ela está escrevendo, nunca saberei. Confesso que cedi à tentação de procurar em seu diário uma menção a *Amerika*, querendo completar, de alguma maneira, essa cena de leitura. Não a encontrei onde achei que talvez estivesse, naquele ano de 1964, mas sim muito mais tarde. Pizarnik escreve em 1970:

> Único método de trabalho; ter um modelo na frente. Penso em *Amerika* de Kafka. Mas há algo muito opaco nesse livro, algo que não pertence a meu pequeno e estreitíssimo mundo interno caótico demais mas escassamente povoado.[2]

Alejandra já sentiria essa desavença quando lia naquela manhã seis anos antes? De pouco me serve esse registro do diário para esclarecer a imagem daquele verão de 1964, mas não se trata disso. Poderia haver sido qualquer livro. Só guardo essa imagem icônica de quem, como Roland Barthes (e também como Susan Sontag em seus diários), *escreve sua leitura*. Alejandra é, por excelência, o leitor com o livro na mão: pose primordial de todo escritor, aqui se torna explícita, exemplar. Nem bem acorda, e como um dever que aceita prazerosamente, um exercício ao mesmo tempo espiritual e profissional, Alejandra lê, Alejandra escreve, Alejandra acumula citações: são três fases de uma mesma atividade que precisa do olhar do outro. Não sei se naquela ocasião sabia que eu a olhava: o detalhe biográfico não tem importância, o gesto exibicionista sim. Basta percorrer seus diários para ver com que cuidado analisa sua leitura, anota o que a impressiona, estabelece comparações: em suma, com que cuidado, ou mais exatamente paixão, *elabora* o que lê, como quem o prepara — enfeita, diria — para um uso posterior. O diário de Pizarnik reflete, questiona e sobretudo *cita* textos que vai juntando ao acaso, como quem armazena material que pode ser útil no futuro: para compor sua imagem, para assentar

2   Ibid., p.480.

sua escrita. Impossível determinar um itinerário de leitura, as citações acumulam-se aparentemente ao acaso: *"Quiero morirme siendo, siendo ayer"*, citação de *Así que pasen cinco años* de Lorca, alterna-se com *"la garúa de la ausencia"*, citação do tango "Ventanita de arrabal"; uma alusão a Georges Schehadé alterna-se, por sua vez, com uma citação de "Mi noche triste". Assim, desierarquizando-as, restituindo-as à pura letra, Pizarnik, em seu diário, recicla citações e referências, talvez para usá-las depois, como *objets trouvés*, para ir compondo o que chama de sua *Casa de citações*: arquivo literário, matéria mesma de uma autorrepresentação que permanentemente precisa de testemunhas.

A essa figura, a da escritora exemplarmente literária que pratica a estética da releitura e acumula fragmentos para dar corpo à sua obra, a escritora que se exibe lendo, acrescento outra: a da escritora que dá a ver seu corpo como obra, ou seja, a da escritora como dândi. Não são, no fim das contas, tão diferentes. Já Eduardo Paz Leston, especialista no tema, havia destacado esse aspecto de Alejandra.[3] Minha memória, de novo, me traz um exemplo. Estou com Alejandra quando toca o telefone; ligam da revista *Sur* para dizer que Victoria Ocampo, que havia ouvido falar muito de Alejandra desde seu regresso a Buenos Aires, quer conhecê-la e lança seu ultimato: que vá essa mesma tarde tomar o chá em San Isidro. Alejandra aceita a imperiosa convocatória e começa a preparar sua visita. Sobre o que falará com ela, quais escritores franceses mencionará, mas, sobretudo, o que vai vestir. Planeja sua indumentária como quem planeja uma operação estratégica, ou, talvez melhor, como quem escreve um texto, contrabalançado o efeito de suas partes: tais calças, tal camisa, e sobretudo, por alguma razão, muita preocupação sobre quais meias calçar. De Alejandra, como de tantos *poseurs* ou *poseuses* que chamam a atenção a partir da margem, a partir da diferença — penso em Norah Lange, em Louise Nevelson, em Karen Blixen, em Oscar Wilde —, poder-se-ia dizer, como de Beau Brummell, "o corpo pensa".

3   Cf. Cristina Piña, *Alejandra Pizarnik*. Buenos Aires: Planeta, 1991, p.156. Colección Mujeres Argentinas.

Aqueles que não entendem, ficam perturbados ou debocham de sua indumentária: falam de roupa descuidada, de conjuntos patéticos que atribuem a uma suposta "falta de classe". Não faltou quem dissesse que Pizarnik parecia a *sota de bastos*.* Um aparente amigo declarava que preferia que não o vissem na rua com ela (quando penso no que ele vestia — paletozinho apertado, de almofadinha, que ele considerava elegante —, hoje me parece que a afetação vestimentária habitava ambos e que Alejandra saía ganhando). Por outro lado, os que, sim, entendem, apreciam a imagem desafiante, algo cacofônica, de Alejandra — uma imagem *dissonante*, para usar um termo caro a ela e ao qual voltarei — que se oferece à leitura: as calças de veludo cotelê vermelhas, os coletes, o *trench coat* ou o capote marinheiro e, sim, as meias e os sapatos, constituem *outro* texto. Pizarnik se *donne à voir*, se faz ver. Isso Manuel Mujica Láinez, outro *poseur*, viu bem no poema simpaticamente debochado que leu em sua honra, quando em 1966 foi outorgado a Pizarnik o Primeiro Prêmio Nacional de Poesia pela publicação de *Los trabajos y las noches*:

> *Como el buzo en su escafandra*
> *y el maniático en su tic*
> *me refugio en ti Alejandra*
> *Pizarnik.*
> *¡Oh tú, ligera balandra,*
> *oh literario pic-nic,*
> *con tu aire de salamandra*
> *modelada por Lalique!*
> *¡Oh Alejandra,*
> *oh mi Casandra*
> *chic!*[4]

---

* Refere-se à figura que aparece no tarô espanhol, equivalente ao "dez de paus". Identificada como pajem, sem especificação do gênero sexual, sua roupa estampa salamandras, associadas ao fogo da transformação. [N.T.]

4 Citado em <alejandrapizarnik.blogspot.com>.

Como o mergulhador em seu escafandro
e o maníaco em seu tique
me refugio em você Alejandra
Pizarnik.
Oh leve balandra,
oh literário piquenique,
com seu ar de salamandra
modelada por Lalique!
Oh Alejandra
oh minha Cassandra
chique!

Pizarnik também, provocadoramente, se faz ouvir, como bem sabem aqueles que a conheceram. É curioso pensar que três dos escritores mais destacados que a Argentina teve no século xx — penso em Borges, Silvina Ocampo e Alejandra — tiveram, mais do que uma voz estranhíssima, uma estranhíssima *entonação*. Borges observou a importância da entonação na literatura argentina, que ele chamou a *"cotidianidá conversada"*.[5] Entretanto, nada menos cotidiano e mais artificial do que a entonação borgeana, feita de lacunas e titubeios, ou a vacilante quase gagueira de Pizarnik, ou a fanhosa e trêmula voz de Silvina: três entonações esforçadas, trabalhosas e, sobretudo, trabalhadas, três dessas "vozes forasteiras", como Silvina Ocampo as chama em "Diálogos del silencio".[6] Quando a ouviu falar pela primeira vez, Haydée Lange (irmã de Norah Lange e *belle dame sans merci* de Borges) disse a ela: "Você deve vir de um país muito sofrido".

No dia seguinte à visita de Alejandra a Victoria Ocampo, perguntei a ela como havia sido. Tinha corrido tudo bem, apesar das enormes diferenças que havia entre elas. Falaram, entre outros, do poeta surrealista René Crevel. Victoria estava usando "meinhas" muito parecidas com as dela, acrescentou, e ela havia se apaixonado pelos sapatinhos abotinados de Ferragamo, de Victoria. As duas tinham passado na prova.

---

5   Jorge Luis Borges, *El tamaño de mi esperanza*. Buenos Aires: Proa, 1926, p.22.

6   Silvina Ocampo, "Diálogos del silencio", in *Poemas de amor desesperado*. Buenos Aires: Sur, 1949, p.177.

Ambos os momentos — o da escritora que escreve sua leitura, o da escritora que se oferece para a leitura de outros — são elementos decisivos na composição que Pizarnik faz de sua própria figura. Entenda-se que não reivindico para ela, absolutamente, uma intenção autobiográfica, no sentido confessional e, sobretudo, "sincero" do termo. Todo texto pode ser autobiográfico, todo texto pode não o ser: a leitura que se faz dele e o lugar crítico a partir do qual se faz essa leitura é o que define isso, qualquer que seja a intenção do autor. Quanto à sinceridade, não é critério literário. Porém, todo texto em primeira pessoa, texto trapaceiro se é que isso existe — seja o eu confessional do diário, seja a primeira pessoa lírica em poesia —, joga com um *reconhecimento* por parte do leitor: conta com sua confiança, literalmente com sua simpatia, quando não com sua identificação com o eu que se expõe, reconhecimento que torna *legível* a pessoa textual. O diário do escritor é, evidentemente, lugar privilegiado para a construção dessa figura, de — como bem a chamava Gide, que entendia de autorrepresentações — um *"être factice préféré"* [ser factício de predileção].[7] Note-se que diz *factício*, não *fictício*, deixando de lado a problemática oposição verdade/mentira para dar preferência à noção de *factum*, de *fabricação*.

A fabricação do corpo como objeto cultural *legível* aparece cedo na obra de Pizarnik. Já em 1955, quando ainda não havia viajado, *sabe* qual imagem quer proporcionar de si. Em 28 de julho de 1955, anota no diário:

> Desesperada! Aqui, deitada no divã colorido, à sombra da tarde que cai. Minha roupa causaria trágica inveja a qualquer garota das *caves* de Saint Germain, saia de agasalhadíssimo veludo verde com o "fecho" quebrado; pulôver enorme de marinheiro, jaqueta desbotada e rasgada que aspira a ter cor azulada, e umas meias de lã verde com adereços marrons; em meus pés, estão os sapatos felizes em seu negrume e modelo como esses

7   André Gide, *Journal 1889-1939*. Paris: Gallimard, 1955, p.30. "Bibliothèque de la Pléiade".

"mocassins" que os jogadores de beisebol ianques usam. Eu gosto muito...[8]

Essa composição algo simplista de boemia existencialista — a garota dominada pelo *taedium vitae*, jogada em um sofá ao findar o dia — ecoa em poses mais tardias. Exatamente dez anos depois, Pizarnik escreve:

> Eu me sentia anarquista e incendiária (por causa de minhas meias azuis e de minha roupa *sport que não rimava* [grifo nosso] com os móveis nem com a roupa — e os rostos — dos demais). Alessandro queria que eu cantasse "em francês". Não compreendia por que eu não queria atuar; como eu era poeta e estava vestida assim, não podia ficar em silêncio.[9]

Em ambos os exemplos, a composição da figura conta com o olhar, o desejo, ou a inveja do outro, ao mesmo tempo que frustra suas expectativas: o anfitrião pensa que "como eu era poeta e estava vestida assim, não podia ficar em silêncio", mas não quem oferece a imagem. A autorrepresentação de Pizarnik é prazerosamente dissonante, excepcional: não rima — ou seja, *escolhe não rimar* — com o que a cerca. Desconcerta e *se destaca*.

"Não compreendia por que eu não queria atuar", escreve Pizarnik sobre seu anfitrião, que quer que ela atue como ele pensa que deve atuar. O que esse anfitrião não compreende é que o eu não quer "atuar", o eu é: a mímica não aponta para a essência, é a essência. A imagem que Pizarnik oferece, como a de todo dândi, não corresponde às expectativas. Ao contrário, surpreende; obriga a um olhar novo e, sobretudo, a critérios novos. Volto à noção de pose e passo a explicar-me. A observação de Ana Becciu em seu prefácio aos *Diarios* de Pizarnik revela os limites que se costuma atribuir ao termo. Becciu expressa o desejo de que a leitura desses *Diarios* "sirva

---

8   Alejandra Pizarnik, *Diarios*, ed. cit., p.42.
9   Ibid., p.405.

para entender que a vida de Alejandra não foi uma pose, que foi uma escritora, que lhe doeu sê-lo, porque quase ninguém podia olhá-la e compreendê-la e amá-la tal como era".[10] A pose, nessa leitura (evidentemente não exclusiva de Becciu), significaria fraudulência ou impostura; a dor, ao contrário, é sinal de autenticidade. Posar seria aparentar ser algo *que não se é*. Eu proponho, ao contrário, que posar, para Pizarnik — como para Oscar Wilde, como para Norah Lange —, é aparentar não o que não se é, mas sim *o que se é* (ou se constrói como tal); posar é construir uma figura que, longe de esconder algo, revela, exageradamente, promiscuamente, em plena luz. Posar não é mentira, não é disfarce, é *performance* do eu.

As performances de Pizarnik, sejam textuais, sejam corporais, sua implacável atenção à composição do eu, seu incessante escrutínio, se traduzem, tanto nela como em seus leitores, em um incansável trabalho de *escopofilia*. A letra é puro espelho, como o da condessa ensanguentada: nessa letra se encena esse "olhar-se olhar, olhar-se olhando",[11] definidor de toda a obra de Pizarnik, assim como o *olhar-se sendo olhada* de que depende o sujeito *poseur*. Tudo aqui é questão de imagem, tudo é matéria para a autorrepresentação. Assim se multiplicam esses *êtres factices* recorrentes na obra de Pizarnik, autoimagens flutuantes em que se comprazem — e às quais se aferram, imobilizando-as — certos leitores que pretendem ler, por meio delas, toda a sua obra. Refiro-me principalmente às autorrepresentações de desamparo, fragilidade e loucura suicida, as quais boa parte da crítica considera "sinceras": porque são trágicas, atormentadas e, evidentemente, excludentes de outras que, por irreverentes, poderiam ameaçá-las. São infalivelmente figurações de um eu doente em diversas posturas de desamparo: a menina abandonada, a poeta maldita, a melancólica viajante, a amiga da morte, todas reificações que, como bem observa César Aira, "reduz[em] um poeta a uma espécie de bibelô decorativo na estante da literatura".[12] Mas essas figuras de desam-

10 Ibid., p.110.
11 Ibid., p.276.
12 César Aira, *Alejandra Pizarnik*. Rosário: Beatriz Viterbo, 1997, p.9.

paro, por factícias não menos sinceras, não constituem uma autorrepresentação única, apesar dos empenhos dessa crítica. Não há *uma* autorrepresentação privilegiada de Pizarnik, mas sim muitas, dispersas, móveis, disparadoras de escrita, como eu disse, que desafiam qualquer tentativa de coerência. Não rimam, e sim *desentoam*, como desentoava, calculadamente, o corpo vestido de Pizarnik. O regresso ao corpo não é casual: as autorrepresentações são como outras tantas indumentárias — já não de tecido, mas sim de palavras — com que Pizarnik se veste para fazer de sua obra uma representação, compondo e recompondo esses pedaços: "Eu não quis ser esses fragmentos. Porém, posto que devo, posto que não posso, não quero ser outra, devo ou tenho que reescrever ou copiar à máquina um fragmento por dia".[13] Para ser — ou melhor, para ser olhada — é necessário reescrever-se, recompor-se, para constituir o que César Aira chama, tão acertadamente, "um manequim de Eu".[14]

Com raras exceções, nessa galeria de imagens que a crítica privilegia, não estão as autorrepresentações grotescas, as performances absurdas, vertiginosamente humorísticas, tão caras a Pizarnik: "Não tive medo do humor. E mais ainda: destaquei-o", escreve no diário.[15] Porém, o recurso ao humor, sobretudo ao grotesco e paródico, de algum modo complica o bibelô, trabalha contra a imagem trágica (e reducionista) de Pizarnik, introduzindo um elemento lúdico e *baixo*. Se a crítica não pode negar esse humor, por certo minimiza sua importância literária: são infantilidades inconsequentes; ou são desperdícios verbais que, embora aceitáveis e até festejados em conversas com Pizarnik, a diminuem quando escritos. Ou então, no pior dos casos, se escolhe vê-los como manifestações de seus últimos anos, como sinais de deterioração, de um talento em vias de extinção. Consciente dessa rejeição, Pizarnik, nem bem termina *La bucanera de Pernambuco*, escreve: "As pessoas não querem saber nada de meus textos de humor. *Par ex*. M.A; *par ex.*, todo mundo".[16]

---

13   Alejandra Pizarnik, *Diarios*, ed. cit., p.453.
14   César Aira, *Alejandra Pizarnik*, ed. cit., p.17.
15   Alejandra Pizarnik, *Diarios*, ed. cit., p.416.
16   Ibid., p.496.

Da eficácia desse humor como técnica *outrée* para "dar-se a ver", tanto oralmente como na obra escrita, posso dar testemunho direto. Se a autorrepresentação por meio da citação literária pode dar os ícones trágicos que mencionei e que representam hoje em dia, para muitos, a única "Pizarnik" válida, o recurso à citação descolocada — vamos chamá-la *disparate* — permite autorrepresentações não menos significativas que convivem, e até certo ponto incidem, nas anteriores. Quiseram ver Pizarnik somente a partir de Bataille; poucos querem vê-la *ao mesmo tempo* a partir de Roussel, a partir de Jarry, a partir de Queneau.

Proponho que o humor de Pizarnik, esse humor deformante ou, mais uma vez, *dissonante*, não é um desenvolvimento tardio ou um último recurso desencantado, nem em sua obra, nem na construção de sua pessoa, mas uma espécie de laboratório alternativo em que, desde o início, se experimenta. Penso nos textos que costumam ser vistos como inconsequentes, textos que não fazem parte de um previsível cânone Pizarnik e que no entanto, seja por sua carga desestabilizadora, transgressora, seja por seu caráter desencaixado, são parte constitutiva de sua obra e de sua figura de escritora. Volto mais uma vez à recordação pessoal: primeiro para desmentir a ideia de que o recurso ao humor na escrita foi modalidade de seus últimos anos e resulta em uma prosa abjeta; segundo, porque esse recurso é importante, literariamente falando, e porque é divertido. Quando nós duas estávamos em Paris, no começo dos anos 1960, compusemos muitos textos juntas, textos cujo pretexto era, por assim dizer, um fiapo de realidade cotidiana, um resíduo, quase, que a vertigem literária disparava imediatamente rumo ao imprevisto. Eu, modestamente, trazia o fiapo: por exemplo, o nome de uma tradutora de literatura hispano-americana para o francês (Mathilde Pomès) ou um livro de gramática espanhola elementar para crianças francesas. Alejandra trazia a conjunção e a vertigem. Assim, Mathilde Pomès, nas mãos de Alejandra, se transformava em "Pomesita la conasse" (algo assim como Pomesinha a bocetinha); os exemplos de usos de palavras e expressões coloquiais castiças de meu livro de gramática, já em si bastante disparatadas, se transformavam, por sua intervenção, em excesso cômico. O manual de gramática dava um exemplo de coloquialismo: "uma cadela gorda" significava "um *sou*", uma velha moeda de cobre. A partir daí, Pizarnik delirava: "Uma cadela gorda em uma mão e uma magra na outra mão para fazer perguntas ao veterinário". O excesso cômico em outros momentos aparecia contaminado por ecos de poesia clássica espanhola, as coplas de Manrique, por exemplo, que Alejandra conhecia perfeitamente, mas eu não:

> *¡Qué señor para criados y parientes!*
> *¡Qué enemigos de enemigos!*
> *¡Qué maestros de esforzados*
> *y valientes!*
> *¡Qué seso para discretos!*
> *¡Qué gracia para donosos!*
> *¡Qué razón!*

> Que senhor para criados e parentes!
> Que inimigos de inimigos!
> Que mestres de esforçados
> e valentes!
> Que siso para discretos!
> Que graça para donosos!
> Que razão!

Transformavam-se perversamente. Eram Alejandra e Sylvia, e não o pai de Manrique, que mereciam as loas a seguir:

> *¡Qué amigas de sus amigos!*
> *¡Qué señoras para criados y parturientas!*
> *¡Qué maestras de esbozados*
> *y calientes!*
> *¡Qué sexo para concretos!*
> *¡Qué gracia para los osos!*
> *¡Qué corazón!*
> *¡A los bravos y legañosos,*
> *un meón!*

> Que amigas de seus amigos!
> Que senhoras para criados e parturientes!

Que mestras de esboçados
e quentes!
Que sexo para concretos!
Que graça para os ursos!
Que coração!
Aos bravos e remelentos,
um mijão!

Não resisto à tentação de acrescentar outra lembrança: Alejandra recitando o soneto de Amado Nervo, "Cobardía", e, em um momento de perversa inspiração, substituindo sistematicamente certos substantivos do poema — digamos o *madre* [mãe] de "Pasó con su madre" [Passou com sua mãe], ou o *alma* de "¡Síguela! Gritaron cuerpo y alma al par" [Siga-a! Gritaram corpo e alma em par], ou o *locura* [loucura] de "Pero tuve miedo de amar con locura" [Mas tive medo de amar com loucura] — pela palavra *culo* [bunda], obtendo efeitos que não deixarei de qualificar como surpreendentes e até como estranhamente eficazes.

Perguntar-me-ão onde estão os textos humorísticos de Pizarnik, além de *La bucanera de Pernambuco* ou *Los perturbados entre lilas*, essas duas obras em prosa das quais, em geral, a crítica desconfia. De fato, foram excluídos do *corpus* clássico de Pizarnik, mas nem por isso desapareceram. Encontram-se, sobretudo, na memória de seus interlocutores, em uma tradição oral que vai passando de grupo em grupo, e em cartas e papéis, alguns publicados, porém em sua maioria inéditos. Entretanto, com certa satisfação descubro que os textos humorísticos de Pizarnik, aqueles que supostamente prejudicam sua imagem trágica, ganharam uma sobrevida eletrônica. Por exemplo, se buscar no Google "¡A los bravos y dañosos,/ qué león!", se encontrará, previsivelmente, Jorge Manrique; mas também se buscar "¡A los bravos y legañosos,/ un meón!", se chega, com a mesma eficácia googlesca, a "Duas finas poetas argentinas: Alejandra e Sylvia, e vice-versa", que Susana Haydu inclui em seu livro sobre Pizarnik.[17]

---

17   Susana H. Haydu, *Alejandra Pizarnik: evolución de un lenguaje poético*. Washington: OEA/OAS, Serie Cultural, 1996.

Minha experiência não é, certamente, única: em inúmeros blogues, em citações eletrônicas, em anedotas, sobrevive e continuará sobrevivendo o bufão junto à menina doente. Creio que essa sobrevivência jocosa não haveria desagradado Alejandra, ela que observava que nos contos de Silvina Ocampo "as desgraças recebem 'a visita das piadas' sem que por isso fiquem reduzidos nem o humor nem a aflição".[18]

Comecei esta reflexão sobre Pizarnik falando de dissonância: cenas de leitura, performances vestimentárias, citações transformadas e fragmentos para descrever seu trabalho de autorrepresentação. Encontro-me agora ao final de novo com cenas de leitura, performances vestimentárias, citações e fragmentos, e sobretudo com "a visita das piadas". No intervalo, proponho, lemos — em uma de muitas leituras possíveis — *dissonantemente* Alejandra Pizarnik. Não esqueçamos a força corrosiva e ao mesmo tempo construtora dessas piadas.

18   Alejandra Pizarnik, *Prosa completa*. Org. Ana Becciu. Barcelona: Lumen, 2002, p.256.

DESEJO E IDEOLOGIA NO FINAL DO SÉCULO XIX

Proponho uma reflexão sobre as culturas do final do século XIX na América Latina, particularmente na Argentina; mais especificamente, sobre a construção paranoica da *norma* com relação a gênero e sexualidades e sobre *o que não cabe* dentro dessa norma, ou seja, o que difere dela. O fato de que a definição da norma não precede, mas sim sucede essas diferenças, e na verdade deriva delas — do mesmo modo que a definição de "saúde", nos estudos psicológico-legais do período, provém da definição de "enfermidade", e a noção de "decadência" dá origem retrospectivamente a noções de maturidade e plenitude — é evidente medida da ansiedade que constitui essas construções e definições. Ao focalizar minha reflexão na América Latina do final do século XIX, isto é, no momento de sua complexa entrada na modernidade, levo em conta dois assuntos relacionados: primeiro, as implicações ideológicas dessas construções para os debates sobre identidade nacional e saúde nacional, até mesmo continental; segundo, a dupla pressão da dependência cultural com relação à Europa, por um lado, e do expansionismo político dos Estados Unidos, por outro, que molda esses debates sobre a identidade nacional e as formas de produção cultural do período.

Começo com uma cena. Na tarde de 7 de janeiro de 1882, José Martí assistiu a uma conferência em Nova York. Apesar das outras atrações da cidade, havia muito público em Chickering Hall, escreve Martí em *La Nación* de Buenos Aires, um público que o impressionou tanto por seu tamanho, como por sua elegância. O título da conferência que Martí ouviu naquele dia era "O renascimento inglês da arte", e o conferencista era Oscar Wilde. Essa ocasião, com a qual escolho começar, é culturalmente significativa. Martí, talvez a figura intelectual latino-americana mais importante da época, encontra-se com esse outro inovador influente, recém-chegado aos Estados Unidos como profeta da "nova imaginação" para revelar ao público que "o segredo de sua vida está na arte".[1] Falar de encontro é exagerado: os dois homens não se conheciam e Wilde seguramente não estava a par da existência de Martí. O que me interessa aqui é precisamente esse desequilíbrio que permite a Martí um ponto de vista particularmente interessante. Perdido entre o público nova-iorquino, Martí, o anônimo correspondente estrangeiro, contempla, ou melhor, espia Wilde, absorvendo cuidadosamente o homem e suas palavras, para melhor relatar sua experiência aos leitores hispano-americanos de *La Nación*. Cito sua descrição do momento em que pousa os olhos em Wilde:

> Veja Oscar Wilde! Não se veste como todos nós nos vestimos, mas sim de maneira singular [...]. Seu cabelo, como o dos cavalheiros de Elizabeth da Inglaterra, cai sobre o pescoço e os ombros; o abundante cabelo, partido por cuidadosa risca até a metade da testa. Veste fraque preto, colete de seda branco, calça curta e larga, meias compridas de seda preta e sapatos com fivela. O colarinho de sua camisa é baixo, como o de Byron, preso por caudalosa gravata de seda branca, cujo nó é feito com descuido. No resplandecente peitilho, brilha um botão de brilhantes, e do colete pende uma artística *leopoldina*. É preciso vestir-se belamente, e ele se dá como exemplo.
>
> Só que a arte exige em todas as suas obras unidade de tempo, e fere os olhos ver um galã usar jaqueta dessa época, e calças da passada, e cabelo *à la* Cromwell, e leontinas *à la* petimetre do começo do século.[2]

Essa primeira e detalhada descrição aponta sutilmente para uma dicotomia que se tornará cada vez mais evidente no texto de Martí. Por um lado, vê em Wilde uma alma gêmea, alguém

1 H. Montgomery Hyde, *Oscar Wilde*. Nova York: Farrar, Straus and Giroux, 1975, p.54.
2 José Martí, "Oscar Wilde", in *Obras completas*, xv. Havana: Ed. Nacional de Cuba, 1964, p.362.

que mostrará aos outros (nesse caso, os materialistas norte-americanos desprezados por Martí) o amor pela beleza e a devoção à arte. Por outro lado, entretanto, Martí sente-se claramente perturbado pela *extravagância* do que tem diante de seus olhos. O traje, a afetação trabalham contra a apreciação de Martí, tornam-se literalmente obstáculo. Longe de descartar a insólita aparência de Wilde depois de uma primeira descrição, Martí não para de se deter sobre ela, ao mesmo tempo fascinado e tentando desculpá-la, para seus leitores, para si mesmo. Wilde não se veste, escreve Martí, como todos *nós* nos vestimos. Mas, quem é esse *nós*? A habitual primeira pessoa do plural, tão frequente em Martí como meio de separar o *nós* latino-americanos do *eles* antagonistas norte-americanos, dá lugar aqui a um atípico *nós* em pânico — o *nós* dos homens "normalmente vestidos", sejam de que nacionalidade for — diante do "estranho", do "infantil", do "extravagante".[3] Com seus cabelos longos, calças de veludo e meias de seda pretas, Wilde "fere os olhos", seu traje "não acrescenta nobreza nem esbeltez à forma humana, nem é mais que uma tímida mostra de ódio aos vulgares hábitos correntes".[4] Admirando o esmero artístico de Wilde, Martí se entusiasma: "Que louvor não merece, *apesar de* seus cabelos longos e suas calças curtas, esse galhardo jovem que tenta transformar em sol de raios vívidos, que rompam e dourem a atmosfera, aquele opaco globo carmesim que alumbra os melancólicos ingleses!".[5]

Martí, é verdade, não é o único a quem a aparência de Wilde e, em geral, sua atitude incomodam. O *Commercial*, de Cincinnati, achando Wilde delicado demais, desafia-o a sujar as mãos: "Se o Senhor Wilde concordar em deixar as açucenas e os narcisos e vir a Cincinnati, nos encarregaremos de mostrar a ele como despojar trinta porcos de seus intestinos em

---

3   Utilizo o termo "pânico" tal como o entende Eve Kosofsky Sedgwick em *Between Men: English Literature and Male Homosexual Desire*. Nova York: Columbia University Press, 1985, e em *Epistemology of the Closet*. Berkeley/Los Angeles: University of California Press, 1990. Aproveito a oportunidade para registrar minha dívida com seu trabalho.

4   José Martí, "Oscar Wilde", op. cit., p.367.

5   Ibid., p.367, grifo nosso.

um minuto".[6] A escolha de palavras delata um machismo transparentemente ansioso: a diferença de Wilde não só é motivo de zombaria, também se percebe como ameaça. Para desencargo de Martí, deve-se dizer que não ridiculariza Wilde e que não mostra sua ansiedade em termos (talvez inadvertidamente) anais como os do jornalista. Está disposto a ouvi-lo e chega a aplaudir sua mensagem; entretanto, a pessoa física de Wilde se interpõe: é *outra* mensagem que o desafia, uma inscrição corporal do esteticismo do fim do século XIX com um subtexto obviamente homoerótico que, como tal, o deixa perplexo.

A noção de unidade temporal, que Martí, surpreendentemente, usa contra Wilde — "só que a arte exige em todas as suas obras unidade de tempo" — merece comentário aqui. Dentro de seu sistema, a falta de unidade temporal é habitualmente uma força positiva e criativa, embora violenta: como exemplo, temos sua defesa do anacronismo e da heterogeneidade constitutivos do novo homem americano em "Nuestra América".[7] Não é realmente a heterogeneidade, então, que está em jogo na crítica de Martí ao traje de Wilde. Ele avalia positivamente a mistura de elementos quando, como mestre, pode dar nome a essa mistura — o novo homem americano — e assim conferir unidade ideológica aos fragmentos. Além disso, a mistura que Wilde representa desafia a nomenclatura de Martí: Wilde é o inefável, sem lugar dentro da ficção fundadora de Martí. Para criticar sua diferença perturbadora e irresoluta, ele precisa então recair em critérios clássicos de harmonia temporal que entram em conflito com sua ideologia habitual da arte.

Dezoito anos mais tarde, em 8 de dezembro de 1900, outro escritor latino-americano, Rubén Darío, escreve sobre Oscar

---

6   H. Montgomery Hyde, *Oscar Wilde*, op. cit., p.55.

7   "Éramos *charreteras* e togas, em países que vinham ao mundo com a alpercata nos pés e a *vincha* na cabeça. O gênio estava em aproximar, com a caridade do coração e com o atrevimento dos fundadores, a *vincha* e a toga" (José Martí, *Nuestra América*. Caracas: Biblioteca Ayacucho, 1977, p.30). A essencialização que Martí faz da indumentária (somos nossas roupas) é notável ao longo de sua obra e merece um estudo mais profundo. Para uma análise brilhante da articulação *política* que Martí faz do heterogêneo, ver Julio Ramos, *Desencuentros de la modernidad en América Latina: literatura y política en el siglo XIX*. México: Fondo de Cultura Económica, 1989, pp.229-243, especialmente pp.232 e 233.

Wilde. Detenho-me nos dados particulares de seu texto porque permitem apreciar mudanças significativas no que poderíamos chamar, em termos gerais, a recepção latino-americana dessa figura. Darío escreve seu artigo em Paris, oito dias depois da morte de Wilde. Intitulado "Las purificaciones de la piedad", começa da seguinte forma:

> Há um conto de Tolstói no qual se fala de um cachorro morto encontrado na rua. Os transeuntes param e cada um faz sua observação diante dos restos do pobre animal. Um diz que era um cão sarnento e que está muito bem que tenha rebentado; outro supõe que tenha tido raiva e que foi útil e justo matá-lo a pauladas; outro diz que essa imundície é horrível; outro, que fede; outro, que essa coisa odiosa e infecta deve ser logo levada ao depósito de lixo. Diante desse descarnado inchado e hediondo, ergue-se de repente uma voz que exclama: "Seus dentes são mais brancos que as mais finas pérolas". Então se pensou: este só pode ser Jesus de Nazaré, porque só ele poderia encontrar nessa fétida carniça algo a exaltar. De fato, essa era a voz da suprema Piedade.[8]

Esse é o primeiro parágrafo do artigo de Darío. O que se segue, começa assim:

> Um homem acaba de morrer, um verdadeiro e grande poeta, que passou os últimos anos de sua existência, interrompida de repente, na dor, na afronta, e quis partir do mundo quando estava às portas da miséria.[9]

8   Rubén Darío, "Purificaciones de la piedad", in *Obras completas*, 3. Madri: Afrodisio Aguado, 1950, p.468. Não sei se Darío estava inteirado das circunstâncias da morte de Wilde, mas o verbo "rebentar", usado aqui de forma coloquial, acerta em cheio. "Nem bem havia exalado seu último suspiro que o corpo rebentou, saindo líquido dos ouvidos, do nariz, da boca e outros orifícios. A destruição foi atroz" (Richard Ellmann, *Oscar Wilde*. Nova York: Knopf, 1987, p.584).

9   Ibid., p.468.

Esses dois parágrafos resumem a estratégia de Darío e ao mesmo tempo confirmam o tom afetado do artigo. Não é preciso ler a pseudoparábola com profundidade para descobrir um subtexto, em última instância, condenatório, mal disfarçado por uma sentimentalidade piegas. A Wilde, como cachorro morto, se atribui o papel de vítima, repugnante aos sentidos e perigosa para a saúde.[10] Os homens sentem repúdio por ele e somente Cristo, em sua "suprema piedade" — uma piedade que, em sua própria perfeição, é implicitamente inacessível para a maioria dos mortais —, é capaz de redimi-lo. Se o artigo de Darío convida o leitor a atender às palavras de Cristo, ao mesmo tempo, em uma manobra ambígua, indica que a meta bem pode ser inalcançável, dado o esforço sobre-humano que pressupõe.

Ao longo do artigo, Darío estigmatiza Wilde em nome da "purificação da piedade". Além de recorrer a adjetivos significativos — desventurado, desgraçado, infeliz, condenado —, resume a vida de Wilde em termos que revelam uma ansiedade particular. A vida de Wilde é um conto com moral: "o fato de confundir a nobreza da arte com a parada por capricho, apesar de um imenso talento, apesar de um temperamento excelente, apesar de todas as vantagens de sua boa sorte, o fez baixar até a vergonha, até a prisão, até a miséria, até a morte".[11] Se Darío, como antes Martí, apoia em princípio a ruptura de Wilde com a convenção burguesa — base, depois de tudo, do modernismo* —, a modalidade particular dessa ruptura e o modo como é divulgada o ofendem. Sim, Wilde é uma vítima da sociedade; mas, antes de tudo, nos diz Darío, é uma vítima de si mesmo. É (note-se a ordem dos termos) um "mártir de sua própria ex-

---

10   Os cachorros mortos, como o que a história de Tolstói descreve, parecem haver despertado reações significativamente fóbicas em Darío. Em "Duelos cínicos", uma descrição crítica do cemitério animal em Asnières, ele observa que "A representação do mais asqueroso, do mais miserável, do mais infectamente horrível, sempre foi um cachorro morto. Tão somente no conto de Tolstói, Jesus Cristo considera que os dentes da imunda carniça são comparáveis às mais finas pérolas" (Rubén Darío, "Duelos cínicos", in *Obras completas*, 4. Madri: Afrodisio Aguado, 1955, p.1378).

11   Rubén Darío, "Purificaciones de la piedad", op. cit., p.470.

*   O modernismo hispano-americano equivale ao simbolismo brasileiro, a estética do fim do século XIX. [N.T.]

centricidade e da honorável Inglaterra".[12] Mais uma vez, o que está em jogo é a *visibilidade* de Wilde, mil vezes maior agora do que quando Martí escreveu seu artigo. Esse exibicionismo, esse "desfile caprichoso", não agrada a Darío; repreende Wilde por não entender que "os tempos mudam, que a Grécia antiga não é a Grã-Bretanha moderna, que as psicopatias são tratadas nas clínicas, que as deformidades, que as coisas monstruosas devem fugir da luz, devem ter o pudor do sol".[13]

Se a leitura corretiva que Darío propõe de Wilde vivo o condena à clínica ou ao armário, a leitura de sua morte é ainda mais eloquente. Porque, quando descreve Wilde como "um homem [...] que quis partir do mundo", o entende de maneira literal. Surpreendentemente mal informado (escreve, no fim das contas, em Paris, apenas uma semana depois da morte de Wilde), declara:

> O cigarro perfumado que tinha em seus lábios nas noites de conferência já era o precursor da estricnina que chegara à sua boca no desespero final, quando morreu, o *arbiter elegantiarum*, como um cachorro. Como um cachorro morreu. Como um cachorro morto estava em seu quarto de solidão seu miserável cadáver. Na verdade, seus versos e seus contos têm o valor das mais finas pérolas.[14]

Nem é preciso esclarecer que essa é uma recriação apócrifa: Wilde não se suicidou, nem estava sozinho quando morreu. Mas o sórdido suicídio do patético homossexual é uma ficção do discurso homofóbico ao qual Darío recorre para ajustar contas com o corpo visível demais de Wilde. O *arbiter elegantiarum*, com seus cabelos longos, seu veludo, o cravo verde e o cigarro perfumado, é agora um cachorro morto, e sua intolerável presença física já não é obstáculo nem ameaça. Somente na ausência desse corpo — esse corpo que encarna literalmente a perversidade, esse *locus* de "deformidades" e "coisas

12   Ibid., p.471.
13   Ibid., p.471.
14   Ibid., pp.471-472.

monstruosas" — a escrita de Wilde pode ser apreciada, as "pérolas" desencarnadas de sua arte podem ter vida própria.

Wilde, escreveu Darío, "brincou de fantasma e chegou a sê-lo".[15] Levando em conta os múltiplos sentidos da palavra "fantasma" em castelhano, podemos dar um sentido adicional à frase e dizer que Wilde terminou sendo uma construção fantasmática que perturbou muitos, entre eles Martí e Darío. Quero contextualizar essa ansiedade em um quadro cultural mais amplo, propondo que Darío e Martí dão voz a uma ansiedade coletiva, uma ansiedade, cuja importância ideológica é indubitável, que o leitor latino-americano reconhece e da qual se apropria.

*   *   *

Já é um clichê dizer que a literatura latino-americana do fim do século XIX importou a decadência do *fin de siècle* e, ao fazê-lo, a naturalizou como expressão tipicamente hispânica. Sem negar o processo de tradução e bricolagem que está na base de toda a literatura latino-americana, de fato na base de toda configuração cultural pós-colonial, quero chamar a atenção para a natureza paradoxal dessa tradução tal como foi posta em prática no fim do século XIX na América Latina. Por que esses novos países decidiram tomar essa decadência — termo que implica enfraquecimento, passividade e, sobretudo, de acordo com os diagnósticos pseudomédicos da época, doença — como ponto de partida de uma nova estética, um *modernismo* que, poderia-se argumentar, é a primeira reflexão conscientemente *literária* na América Latina?

Octavio Paz sustenta que o que os escritores latino-americanos do fim do século XIX encontraram na decadência europeia foi menos o ominoso "crepúsculo das nações" profetizado por Max Nordau em *Degeneração*, do que uma retórica que permitiria que a América Latina tivesse acesso à modernidade: "Os modernistas não queriam ser franceses: queriam ser modernos [...]. Nos lábios de Rubén Darío e seus amigos,

15   Ibid., p.471.

modernidade e cosmopolitismo eram termos sinônimos".[16] Paradoxalmente, então, a apropriação da decadência europeia na América Latina foi menos um sinal de degeneração do que oportunidade de regeneração: não o final de um período, mas sim uma entrada na modernidade, a formulação de uma cultura forte e de um novo sujeito histórico. Entretanto, o processo de tradução da decadência é, forçosamente, irregular e desigual. Quero refletir sobre essa irregularidade, perguntar-me o que é que as culturas latino-americanas *podem* tomar emprestado com o propósito de autoconstituir-se, e o que *não podem* tomar emprestado, e por que é assim. Em outras palavras, minha leitura tentará identificar algumas das lacunas, alguns dos mal-entendidos e os desvios com relação à decadência europeia (ou o que a América Latina acredita ser o texto da decadência europeia) para apreender o significado ideológico dessas diferenças críticas.

A América Latina leu a literatura europeia de maneira voraz e, por assim dizer, canibal: para citar Paz mais uma vez, "sua mitologia é a de Gustave Moreau [...], seus paraísos secretos, os do Huysmans de *Às avessas*; seus infernos, os de Poe e Baudelaire".[17] Porém, ao mesmo tempo, a América Latina leu e incorporou, com igual voracidade, textos que significavam outra forma de modernidade, textos que pertenciam a um corpus científico ou pseudocientífico que, enquanto proporcionavam uma base para a incipiente pesquisa psiquiátrica, denunciavam a decadência que o *modernismo* emulava na literatura. Assim, devido sobretudo à influência de Nordau e Lombroso, emergiu o que se poderia denominar o duplo discurso do *modernismo*, no qual a decadência aparece *ao mesmo tempo* como progressiva e regressiva, como regeneradora e degenerativa, como boa e insalubre. Em nenhum lugar, evidentemente, essa duplicidade é mais evidente do que nos discursos relacionados ao corpo sexual.

O modernismo latino-americano apoia, por um lado, a celebração decadentista do corpo como *locus* de desejo e prazer, e, por outro, vê esse corpo como lugar do perverso. Entenda-

16   Octavio Paz, "El caracol y la sirena", in *Cuadrivio*. México: Joaquín Mortiz, 1965, p.19.
17   Ibid., p.20.

-se: de um perverso com limitações, atento à heterossexualidade. Se a sensualidade, o jogo de papéis sexuais e o *voyeurismo* erótico abundam nos textos latino-americanos, quase não há exemplos da natureza transgressiva do alto decadentismo, nem reflexões morais que resultem dessa transgressão, nem a reformulação de sexualidades que tal reflexão proporia. Os textos são lidos mais por seus efeitos excitantes do que por seu significado subversivo: os latino-americanos admiram Huysmans; não o reescrevem, ou não podem reescrevê-lo. Além disso, tendem a distanciar-se da transgressão quando a percebem, e até mesmo a denunciá-la nos mesmos termos utilizados pelos críticos mais rigorosos do decadentismo, temerosos de serem flagrados desviando-se de um código tácito de decoro. Embora Darío admire o *Monsieur Vénus* de Rachilde, chama sua autora de "a vermelha flor das aberrações sexuais", acrescentando que esse é um "desses livros que somente os sacerdotes, os médicos e os psicólogos deveriam ler".[18] Nota-se a mesma duplicidade, a mesma atração misturada com moralismo excessivo (cujos efeitos *soft porno* são evidentes) quando Darío fala — mais uma vez recorrendo à figura do fantasma — de Lautréamont:

> Não seria prudente aos espíritos jovens conversar muito com esse homem espectral, nem sequer se fosse por bizarria literária, ou prazer de um manjar novo. Há um sensato conselho da Cabala: "Não se deve julgar um espectro, porque se chega a sê-lo". E se existe autor perigoso a esse respeito é o conde de Lautréamont. [...] Se eu levasse minha musa perto do lugar onde o louco está enjaulado vociferando ao vento, taparia seus ouvidos.[19]

Poder-se-ia dizer que esses ensaios de Darío (e, em menor medida, os de Martí) são sobretudo peças circunstanciais, produto de um jornalismo apressado, e não da reflexão crítica; que Darío, especialmente, pode ter buscado agradar um público

---

18   Rubén Darío, "Rachilde", in *Obras completas*, 2. Madri: Afrodisio Aguado, 1950, p.367.

19   Id., "El conde de Lautréamont", in ibid., p.436.

de classe média não iniciado que possivelmente não aprovava certas atitudes diante do corpo e, mais precisamente, diante do sexual, que os autores estrangeiros explicitavam. Talvez seja o caso, mas isso confirma, de algum modo, meu argumento. Importa pouco o que esses autores "realmente" pensaram sobre essa questão: importa mais ressaltar que essa duplicidade, com a qual introduziam o decadentismo a um público latino-americano, criticando-o, por sua vez, para evitar críticas, era uma atitude necessária, dado o contexto em que essa literatura era lida.

Quero refletir sobre esse contexto detendo-me em um texto pouco conhecido, *Buenos Aires, la ribera y los prostíbulos en 1880*, escrito no início do século XX por um subcomandante de polícia argentino, Adolfo Batiz.[20] O livro, significativamente intitulado *Contribución a los Estudios Sociales*, reflete a mesma duplicidade que assinalei na literatura, isto é, por um lado, atração e tolerância quanto à sexualidade "natural"; por outro, rejeição ao perverso. Batiz começa seu estudo pretensamente "científico" com um sonho que teve na Itália, em Roma para ser mais preciso; a escolha de lugar não é desimportante. O sonho leva-o ao túmulo de Dante, Dante ressuscita, cumprimenta-o e eles dialogam amavelmente como se estivessem em uma entretida conversa:

> [E]u dizia a ele, agora como antes, a luxúria por todo lado, e agora, a luxúria e a pederastia... Vou escrever, me deu ânimo pela conformidade de opinião, se agruparam em minha mente os autores clássicos franceses e me retirava preocupado depois de uma amável despedida, mas já nos dintéis da porta de saída, ouvi que Dante me dizia com um tom sério e grave, elevando a voz para me alcançar com ela: "Console-se...".[21]

20 Devo a descoberta desse texto a Jorge Salessi, cujo trabalho sobre a construção da homossexualidade na Argentina do fim do século XIX inspirou grande parte das reflexões destas páginas.

21 Adolfo Batiz (subcomandante), *Buenos Aires, la ribera y los prostíbulos en 1880. Contribución a los estudios sociales (libro rojo)*. Buenos Aires: Agataura, s.d., p.13. As citações a seguir são dessa edição.

Depois de um capítulo inicial que propõe a vigilância médica e legal da prostituição, o que se segue no livro de Batiz não é um estudo sociológico, mas sim uma *flânerie* curiosa em torno de Buenos Aires que não carece de encanto. De fato, os prostíbulos são descritos com certa benevolência, recorrendo inclusive ao vocabulário sensual do modernismo para descrever as mulheres. O que, por outro lado, motiva a condenação de Batiz é outra parte da cidade, o *Paseo de Julio*, porque "era o refúgio dos pederastas passivos que se juntavam em torno da estátua de Mazzini, o revolucionário e homem das liberdades itálicas".[22] E o principal flagelo, sustenta, é a "malandragem cosmopolita" que explora a prostituição e a leva a seus extremos. Entre esses extremos, evidentemente, encontramos a substância de sua sonhada conversa com Dante, a luxúria e a pederastia:

> [A] prostituição ganhou características alarmantes porque tem um crescimento maior que o normal e lógico, que estamos nos limites da decadência romana, o que não é um exagero depois das informações dos escândalos na Alemanha, os do príncipe de Eulembourg [sic], do processo de dois generais e da existência com vida pública de uma agência para proporcionar modelos aos pederastas passivos, situada em Roma, rua Corso Umberto I, que existe o tráfico de modelos com características internacionais desavergonhadamente, que o mesmo quanto à carne humana de mulheres, nada pois de romances.[23]

22 Ibid, p.25.
23 Ibid., p.79. A referência a Phillip Eulenberg e aos escândalos homossexuais que foram descobertos no séquito de Guilherme II (alguns deles envolvendo o próprio Kaiser) permite-nos datar com precisão o livro de Batiz. O escândalo Krupp eclodiu em 1902, o escândalo Eulenberg, em 1906, de modo que o livro de Batiz foi escrito mais tarde. Essas datas revelam um aspecto interessante da estratégia de Batiz: como seu livro trata supostamente de Buenos Aires em 1880, é claro que está usando esses escândalos — e a casa na rua Corso Umberto I — retrospectivamente. Para mais informações sobre os escândalos propriamente, cf. Isabel V. Hull, *The Entourage of Kaiser Wilhelm II, 1888-1918*. Cambridge: Cambridge University Press, 1982, pp.57-145.

Essa casa na rua Corso Umberto I excita tanto a imaginação do chefe de polícia que ele volta a ela várias vezes, do mesmo modo que Martí voltava ao traje de Wilde:

> Havemos de insistir sobre a casa que existe em Roma, à qual nos referíamos, e que oferece modelos aos pederastas passivos e da qual muito se falou na imprensa diária [...] o que nos indica que a degeneração da homossexualidade, como o exercício da prostituição pela mulher e a degeneração em geral, tomaram proporções verdadeiramente excepcionais somente comparáveis aos tempos do império romano decadente.[24]

Quando a prostituição e a pederastia são postas uma ao lado da outra, os excessos da primeira empalidecem em comparação com a segunda, e são desculpadas em nome da natureza e das necessidades heterossexuais: "cada um tem o direito de ocultar ao mundo suas fraquezas (menos os pederastas), e não sei até que ponto podem ser chamados de fraquezas certos caprichos exigidos pela natureza".[25] A polícia, Batiz acrescenta, pouco pode fazer para castigar "os novos escandalosos da juventude argentina", aqueles que (de novo!) "vêm a Nápoles e a Roma pedindo modelos, como o príncipe dos escândalos alemães à casa da rua Corso Umberto I".[26] Devemos recordar que os escândalos no entorno do Kaiser eclodiram precisamente quando a Argentina reestruturava seu exército de acordo com o modelo prussiano, dado que seguramente contribuiu para a ansiedade do bom chefe de polícia.

O que interessa aqui não é somente a ansiedade que desperta a homossexualidade concretamente física — um dos méritos do livro de Batiz é o fato de documentar a existência de uma florescente comunidade gay na Buenos Aires da época —,[27]

---

24 Ibid., p.86.
25 Ibid., p.100.
26 Ibid., p.83.
27 Batiz não fala de lésbicas e há pouca documentação disponível sobre o tema. Um artigo como o de Víctor Mercante, "Fetiquismo y uranismo femenino en los internados educativos", em

mas sim também a notável instabilidade do termo "pederasta", a facilidade com a qual é metaforizado ou fundido com outras figuras ameaçadoras. Os pederastas (no livro de Batiz, sempre "pederastas passivos") passam a ser sinônimo de personagens indesejáveis e mais exatamente "ativos": proxenetas, ladrões, informantes. E o que é mais importante, os pederastas (e por extensão, os proxenetas, informantes etc.) remetem invariavelmente ao *não-nacional*. A homossexualidade existe na Argentina, conta-nos Batiz, mas na realidade vem de longe, da Itália, dessa casa na rua Corso Umberto I que exporta decadentes modelos romanos para Buenos Aires.

O uso do termo "modelo" é evidentemente de capital interesse aqui, dado que descreve essa transação sexual em um contexto de dependência pós-colonial, mesmo quando a critica. Quem são, no fim das contas, esses modelos? *O que fazem exatamente?* Considerando o termo literalmente, poder-se-ia assumir que são modelos sobre os quais os "pederastas passivos" moldam a si mesmos, "originais" europeus das "cópias" latino-americanas. Entretanto, não é totalmente o caso, dado que o sujeito do livro de Batiz é a denúncia do crescimento da prostituição "para além do normal e lógico". Insinuando um comércio mais íntimo que a mera emulação, "modelo" indica mais exatamente um provedor sexual, "importado" à Argentina para satisfazer os "pederastas passivos" pela mesma "malandragem política" que trafica prostitutas. Se é esse, como suspeito, o caso, o termo se torna muito mais "ativo" (e mais ameaçador) do que pareceria à primeira vista. Mas por que usar o termo "modelo"? Pode o termo por acaso referir-se aos "artistas modelos", tão populares no século XIX, que posavam em *tableaux vivants* de indubitável carga erótica[28] ou é simplesmente um eufemismo? Embora o significado do termo seja obscuro, o que importa é o modo como funciona em seu con-

---

Archivos de Criminología y Ciencias Afines, 1903, pp.22-30, chamando a atenção dos educadores sobre esse "estado mórbido" nas escolas de Buenos Aires, mostra que pelo menos foi motivo de preocupação para o *establishment* médico-legal, embora a lésbica não chegue a constituir-se totalmente em categoria como ocorrerá com o "pederasta passivo".

28   Cf. Michael Moon, *Disseminating Whitman*. Cambridge/Londres: Harvard University Press, 1991, p.70.

texto sociocultural, e o efeito inquietante que essa contextualização produz. Não se deve esquecer, no fim das contas, que o *modelo* é uma noção-chave na poética da imitação adotada pela América Latina do fim do século XIX com o propósito de criar novas formas culturais: como já havia dito Darío, *"Qui pourrais-je imiter pour être original?"* [Quem eu poderia imitar a fim de ser original?]. De modo que o censurável cenário de Batiz — o "pederasta passivo" buscando o "modelo" romano para gratificação sexual ou estética — parodia um padrão de dependência e incorporação que não é *em si* censurável, mas, ao contrário, aceitável, inclusive desejável, quando se aplica a textos e não a corpos. No uso que Batiz faz do termo "modelo", que, por feliz coincidência, reúne para o leitor a atitude literária dominante do período com sua contrapartida corporal pervertida, não se poderia ler então *algo mais*, algo que *não pode ser dito* dentro dos discursos hegemônicos do período, isto é, que as novas construções da literatura também implicam novas construções da sexualidade e do gênero, novas configurações dos corpos?

Para Batiz, entretanto, tal fusão de *modelos* era impensável: o bom vinha do exterior, para ser imitado, sob a forma de modelos literários "elevados"; o ruim também vinha do exterior, para contaminar, sob a forma de desprezíveis modelos que traziam terríveis hábitos "baixos". Evidentemente, essa última percepção não era nova e, em países como a Argentina, em que a configuração do povo estava mudando de maneira acelerada por efeito de uma imigração principalmente masculina, passou a ser um problema urgente. A preocupação que Wilde causava em Darío e Martí encontra seu paralelo nos discursos técnicos dos incipientes estados-nação, discursos manipulados nesses anos em toda a América Latina, por psiquiatras, sociólogos, homens do direito e, sim, inspetores de polícia que tentavam definir, classificar e analisar o desvio sexual "estrangeiro" como uma das doenças trazidas pela imigração.[29] A taxonomia paranoica que resultava desses discur-

29   Cf. Jorge Salessi, *Médicos, maleantes y maricas. Higiene, criminología y homosexualidad en la construcción de la nación argentina* (*Buenos Aires, 1871-1914*). Rosário: Beatriz Viterbo, 1995.

sos tornava naturais a rejeição e a perseguição, tão "lógicas" como a rejeição que o cadáver canino de Oscar Wilde despertava nos homens normais.

Condenado ao armário da não nacionalidade, o estrangeiro foi assim construído como o outro doente, perverso e, em última instância, ameaçador. Assim como o discurso da conquista espanhola havia afeminado o outro americano nativo[30] e o discurso da Espanha metropolitana havia afeminado seus sujeitos *criollos*, o discurso hegemônico do nacionalismo do século xix perverte, e em particular masculiniza, o imigrante masculino. Atribui-se a ele uma espécie de afeminação performativa que, de acordo com o perigo que significa, vai do simplesmente grotesco ao social e moralmente ameaçador.[31]

* * *

Nem Darío nem Martí mencionam abertamente a homossexualidade (ou, para usar o termo da época, a pederastia) em suas crônicas literárias. Se aludem a ela, o fazem de manei-

---

30   Margarita Zamora, "Abrest of Columbus: Gender and Discovery". *Cultural Critique*, Minneapolis, University of Minnesota, n.17, pp.127-151, 1990-1991.

31   Essa fragilização por meio da homossexualização é particularmente virulenta em casos em que o estrangeiro ocupa, ou se percebe que ele está ocupando, uma posição "não natural" de poder. Veja-se a seguinte descrição dos prestamistas judeus, "notavelmente avessos às mulheres", que José María Ramos Mejía propõe: "O hábito de cuidar do credor, de rondar o imóvel empenhado, de ir cautelosamente atrás dos homens necessitados, inquirindo seu estado de alma, dá a eles certos aspectos de amantes misteriosos [...] seus procedimentos de sedução, acabam por caracterizar sua verdadeira índole moral, incluindo-os na longa perversidade dos invertidos" (José María Ramos Mejía, *Los simuladores de talento* [1904]. Buenos Aires: Tor, 1955, pp.166-167). O próprio Ramos Mejía, quando discute o mau gosto dos relativamente inofensivos imigrantes italianos (*guarangos*) debocha deles, chamando-os de "invertidos culturais": o italiano *guarango*, escreve, "se parece com os invertidos do instinto sexual que revelam sua potência duvidosa por uma manifestação atrabiliária dos apetites. Precisam dessa cor vivíssima, dessa música estridente, como o erotômano do odor intenso da carne; quer as combinações bizarras e sem gosto das coisas, como este das atitudes desviadas e dos procedimentos escabrosos para satisfazer especiais idiossincrasias de sua sensibilidade" (José María Ramos Mejía, *Las multitudes argentinas* [1899]. Buenos Aires: L.J. Rosso, 1934, p.257).

ra oblíqua e, sobretudo, defensiva. Martí, ao escrever sobre Whitman, procura afastá-lo dos "imbecis" que "com afetações de colegial impudico" veem em seus poemas "as vis ânsias de Virgílio por Cebetes"[32] e se apressa a corrigir (tal como o fez, não se deve esquecer, o próprio Whitman)[33] essas leituras. Com desprezo semelhante, Rubén Darío rejeita as referências à homossexualidade de Verlaine como "uma nebulosa lenda que fez crescer um verde prado no qual pastou a seu prazer o *'pan-muflisme'*",[34] e, quando resenha a piedosa biografia de Lepelletier sobre o poeta, declara que sobre a suposta relação com Rimbaud "há documentos em que toda perspicácia e malícia ficam derrotadas, achando-se, em último caso, que tais ou quais afirmações ou alusões em prosa ou verso não representam senão aspectos de simulação".[35]

O que chama a atenção tanto em Martí como em Darío não é o fato de evitar a questão da homossexualidade, mas sim, precisamente, apresentá-la; o fato de que apareça, de fato, como inevitável. Ao ser nomeada, entretanto, ela é desmentida energicamente, sendo considerada calúnia. No que se refere a seus mentores —Verlaine, Whitman e Wilde, nesse caso, mas também outros precursores europeus —, o modernismo não só submete seus textos a um processo criativo de tradução cultural; também traduz as vidas dos escritores para um roteiro aceitável, apagando as marcas de um desvio que não só macula aqueles mentores, mas, talvez, ele mesmo. Sem dúvida, o movimento mais chamativamente homossocial da literatura latino-americana (embora o chamado Boom dos anos 1960 não fique atrás), a *irmandade* constituída pelos modernistas (para utilizar o termo pré-rafaelista tão caro a Rubén Darío), não quer ser julgado culpado por associação: quer ser "bem lido". Mesmo anos depois, essa mesma ansiedade cultural aparece nos críticos do *modernismo*. Duas vezes, ao comparar Darío com Verlaine, Octavio Paz sente a neces-

---

32 José Martí, "El poeta Walt Whitman", in *Obras completas*, 13. Havana: Ed. Nacional de Cuba, 1963-1975, p.137.
33 Eve Kosofsky Sedgwick, *Between Men*, op. cit., p.203.
34 Rubén Darío, "Verlaine", in *Los raros. Obras completas*, 2, op. cit., p.298.
35 Id., "La vida de Verlaine", in ibid., p.718.

sidade de nos dizer que a poesia de Darío era viril, enquanto Carlos Fuentes, quando fala do *Ariel* de Rodó, o elogia por seus "momentos mais robustos".[36]

A combinação de homofobia e xenofobia, a insistência em atribuir a perversão ao "fora", sustentada por um zelo que indica mais exatamente quão "dentro" está na verdade esse "fora", consolidam, por contraste, a noção de uma saúde nacional, até mesmo continental. Noção elaborada e aperfeiçoada, como se pode supor, em ateneus exclusivamente masculinos, em geral congregados em torno de uma figura maior, que tem no Próspero do *Ariel* de Rodó seu melhor expoente. Vou me aventurar a mais um passo e contextualizar essa noção de saúde não só em termos de um corpo social, mas também de um corpo político, e considerarei brevemente um dos projetos profiláticos mais destacados para preservar a saúde nacional, traçado justamente por um desses mentores, José Enrique Rodó.

Pedagogo (uso a palavra de forma totalmente deliberada), a quem se poderia descrever como um cruzamento de Matthew Arnold com Auguste Renan, Rodó convoca precoce atenção como *maître à penser* com um artigo de 1899 sobre a poesia de Rubén Darío. O artigo funciona como diagnóstico e como conto com moral: começa, memoravelmente, com uma declaração que põe em seu lugar o então célebre poeta nicaraguense: "Indubitavelmente, Rubén Darío não é o poeta da América".[37] Sem entrar nos detalhes do texto, quero deter-me em certos aspectos porque vejo nele sinais da mesma duplicidade que já mencionei. Por um lado, trata-se de uma leitura simpática, na qual Rodó literalmente assume a voz de Darío, em um ato de ventriloquismo poético; enquanto escreve, recria cuidadosamente os poemas, deleitando-se com a sensualidade de Darío (e intensificando-a em mais de uma ocasião) com o único interesse (diz a quem queira acreditar nele) de exercer uma crítica literária séria. Porém, por outro lado, se nota a necessidade, por parte de Rodó, de conter o sentimento transbordan-

---

36   Octavio Paz, "El caracol y la sirena", op. cit., pp.31 e 39. Carlos Fuentes, prefácio em inglês a José Enrique Rodó, *Ariel*. Austin: University of Texas Press, 1988, p.17.

37   José Enrique Rodó, *Rubén Darío. Su personalidad literaria. Su última obra*, in *Obras completas*. Madri: Aguilar, 1967, pp.169-192.

te. Na apreciação que faz de Darío, se observa certo desassossego, como a sensação de que nessa poesia há algo mau e, mais precisamente, *de que há algo mau para a América Latina*. Há algo doentio, artificial, *amaneirado* na poesia de Darío, explica Rodó, mesmo quando se deleita na própria suavidade que denuncia. Não há paixão heroica, não há gestos trágicos fortes, não há sinceridade nessa poesia, mas sim, em seu lugar, "os mórbidos e indolentes escorços, as serenidades ideais, as languidezes pensativas, tudo o que faz com que a túnica do ator possa cair constantemente, sobre seu corpo flexível, em dobras cheias de graça".[38] E Rodó continua:

> Em nosso idioma severo, quando a voluptuosidade obteve do verso, para sua aljava de caçadora, dardos semelhantes? Porque a voluptuosidade é a alma mesma desses versos, afundam, se esticam, ronronam, como os gatos mimados, nas almofadas da voluptuosidade! Versos gulosos, versos tentadores e finos, versos capazes de fazer languidescer uma legião de Esparta... Se fosse o caso de ir à guerra, eu os proscreveria como a Maga ofertadora de um filtro pérfido e enervante.[39]

A sexualidade do homem Darío não fica sob suspeita, mas sim a de sua poesia.[40] A condenação de Rodó não difere muito da crítica que Martí já havia feito em "Nuestra América" da poesia "de pouca hombridade", com idênticas insinuações de homoerotismo: "Fêmeas, fêmeas frágeis pareceriam agora os homens, se fossem examinados, coroados de grinaldas de rosas, nos braços de Alexandre e de Cebetes, o falerno meloso que temperou os festins de Horácio".[41] Embora a afirmação

---

38 Ibid., p.172.
39 Ibid., p.179.
40 José Bergamín escreve vinte anos mais tarde: "A castidade da nudez é prova de virilidade: poesia de Bécquer; a sensualidade das roupagens, de afeminação: poesia de Rubén Darío". Citado em Emir Rodríguez Monegal, "Encuentros con Rubén Darío". *Mundo Nuevo*, Montevidéu, n. 7, p.12, 1967.
41 José Martí, "El poema del Niágara", in *Obras completas*, 7, ed. cit., p.224.

de Martí seja consideravelmente anterior ao ensaio de Rodó, a atitude é a mesma: recorre-se aos mesmos clichês masculinizadores para denunciar a languidez e indicar fragilidade. A desvanecida legião espartana, o abraço de Alexandre, o vinho e as rosas conspiram um tipo de helenismo "errôneo" que deveria ser proscrito, em primeiro lugar em nós mesmos.

Como Batiz nos bairros de Buenos Aires, Rodó realiza uma leitura *voyeurista* de Darío, semelhante à que Martí havia feito do corpo vivo de Wilde e o próprio Darío de seu corpo morto. Rodó, o mestre da virtude cívica latino-americana — de quem um discípulo se perguntava por que se trancava no quarto para ler os diálogos de Platão —,[42] está tão fascinado pela languidez da poesia de Darío como Martí estava fascinado pela cabeleira de Wilde e Batiz pela mítica agência romana que oferecia modelos aos pederastas passivos. Porém, Rodó inscreve sua fascinação e sua desconfiança diante do mórbido, sua preocupação com a virilidade e a masculinização, em um contexto não só literário e social, mas também claramente político. Na poesia de Darío, lê a ameaça não como algo que vem de fora (da Inglaterra vitoriana, da França do fim do século XIX, da agência romana, dos navios de imigrantes do sul da Europa), mas sim como movimento interno, imensamente mais perigoso: é no texto de um latino-americano, e não de um estrangeiro, que Rodó percebe (ao mesmo tempo seduzido e alarmado) a languidez, a suavidade, a doença, a falta de fibra heroica, a afeminação, o possível, embora não nomeado, homoerotismo. Em um tempo de dissabor continental, no qual a América Latina teme perder sua precária identidade diante da ameaça dos Estados Unidos, o sensual Darío não pode ser, não *deve* ser, segundo Rodó, "o poeta da América". Embora sua poesia seja promessa de renovação estética e fonte de prazer, é também ameaça ideológica e foco infeccioso: não vaticina um saudável continentalismo. Daí a necessidade do *Ariel*, de Rodó, o ensaio que escreveu muito pouco depois para a "juventude da América" e que será, durante anos, a proposta mais popular de uma identidade latino-americana "forte". Mistura de *caritas*

42 Victor Pérez Petit, *Rodó. Su vida, su obra*. Montevidéu: Imprenta Latina, 1918, p.45.

evangélica, helenismo renaniano e virilidade sentimentalizada, propõe uma "cura" para a tão atraente quanto daninha *mollitia* da decadência europeia, ao mesmo tempo que previne contra o utilitarismo muscular dos Estados Unidos. Em uma palavra, instrui a intelectualidade sobre modos de conviver inteligentemente com bons *homens* latino-americanos.

Não surpreende que Darío, depois da crítica que Rodó faz de sua poesia e do didático *Ariel* que se segue a ela, assuma uma nova perspectiva em *Cantos de vida y esperanza* e se postule como poeta da "humana energia", rejeitando em boa parte sua estética anterior. Também não é surpreendente que uma formulação de correção política e moral tão convincente quanto *Ariel*, na qual se substitui o pânico homossexual saudavelmente por uma camaradagem masculina *pro patria*, tenha passado a caracterizar não só o modernismo tardio, mas também a literatura que se seguiu a ele. Um dos resultados do pânico homossexual do fim do século XIX foi a quase total supressão do corpo masculino da literatura latino-americana: a virilidade sentimental proposta por Rodó era sobretudo *cosa mentale*, abstração raras vezes acompanhada (como o foi em movimentos nacionais de outros países)[43] pela redescoberta e estatização do corpo. Assim como o corpo se oculta, todas as manifestações sexuais e eróticas que se desviam da norma "saudável", patriarcal, heterossexual vão parar no armário da representação literária, para não falar no armário da crítica. Uma das tarefas que esperam do leitor de hoje é olhar, com a mesma intensidade com que Martí inspecionou Wilde, a mesma curiosidade com que Batiz observou Buenos Aires, a mesma fascinação com que Darío "olhou" o cadáver de Wilde, a mesma simpatia com que Rodó reconheceu Darío (e sem a ansiedade que aqueles quatro olhares tinham), a produção textual da América Latina a partir do século XIX para entender as formas que o silêncio e as figurações oblíquas às quais se recorre para dizer o indizível assumem.

---

43   Cf. George L. Mosse, *Nationalism and Sexuality. Middle-Class Morality and Sexual Norms in Modern Europe* (1985). Madison/ Londres: University of Wisconsin Press, 1988, especialmente o capítulo 3.

A POLÍTICA DA POSE

O momento em que o garoto arranca o lótus, para fazer seu agrado ao visitante. O outro garoto que apoiando-se no acaso de sua memória repete felizmente o verso. E o poeta que enterrado em seu silêncio e no coro dos outros silêncios sente como a futura plástica em que sua obra vai ser apreciada e recebe como uma nota antecipada.

JOSÉ LEZAMA LIMA,
"Julián del Casal"

Em um simpósio que ocorreu há alguns anos, tentei resumir o tema de que me ocupo neste livro, isto é, as economias do desejo na América Latina do fim do século XIX, considerando como essas economias marcavam o que se poderia chamar, de forma muito genérica, as políticas culturais do modernismo.* Concretamente, dedicava especial atenção ao tema do qual venho falando, isto é, o incômodo que a figura de Oscar Wilde provoca em certos intelectuais da época. Meu trabalho tentava recuperar aquele momento, fugaz e sem dúvida utópico, em que os dois "lados" de Wilde, o frívolo, por assim dizer, e o político, podiam ser pensados juntos, antes que a pressão da ideologia os separasse, subordinando o primeiro ao segundo, até fazê-lo desaparecer.

A julgar pela reação de um dos moderadores, a ambivalência e o incômodo não se limitavam ao século XIX, já que seu comentário, cedendo por sua vez a uma ideologia que se tornou hábito naturalizado de leitura, reteve um só desses aspectos de Wilde, o que chamarei, por conveniência, o frívolo. Passou a considerar a relação entre Wilde e a América Hispânica em termos de mímica e de mistificação, realçando sua leveza de gesto supérfluo: na América Hispânica, se havia brincado de ser (ou de parecer; voltarei a essa diferença) Wilde, como quem veste uma fantasia ou põe um cravo verde na lapela. O decadentismo era, sobretudo, questão de *pose*.[1]

---

*   O modernismo hispano-americano equivale ao simbolismo brasileiro, a estética do fim do século XIX. [N.T.].

1   O mesmo trabalho, lido em sessão plenária na Asociación Internacional de Hispanistas, suscitou uma reação similar por

Essa reação não estava tão longe de certa leitura da literatura do fim do século XIX que se fez na própria época, aquela leitura que via a pose como etapa passageira correspondente a um primeiro modernismo de evasão, diferente de um segundo modernismo americanista, o que era "de verdade". Foi essa, por exemplo, a leitura de Max Henríquez Ureña. A propósito das "Palabras liminares", de Rubén Darío em *Prosas profanas*, escreve:

> Rubén assume uma *pose*, nem sempre de bom gosto: fala de seu espírito aristocrático e de suas mãos de marquês [...]. Tudo isso é *pose* que desaparecerá mais tarde, quando Darío assumir a voz do Continente e for o intérprete de suas inquietações e ideais.[2]

Desdenhada como frívola, ridicularizada como caricatura, ou incorporada a um itinerário no qual figura como etapa inicial e necessariamente imperfeita, a pose decadentista desperta escassa simpatia. Eu gostaria de propor aqui outra leitura dessa pose: vê-la como gesto decisivo na política cultural da América Hispânica do final do século XIX; vê-la como capaz de expressar se não "a voz do Continente", certamente uma de suas muitas vozes, e vê-la precisamente como comentário das "inquietações e ideais" desse continente. Quero considerar a força desestabilizadora da pose, força que faz dela um gesto político.

---

parte de uma pessoa do público, que perguntou se a ambivalência de Martí e de Darío com relação a Wilde não teria a ver com o fato de que estavam preocupados com algo "mais importante", ou seja, "a construção de uma identidade continental".

2 Max Henríquez Ureña, *Breve historia del modernismo*. México: Fondo de Cultura Económica, 1962, p.97.

DAR A VER: O CORPO (EM) PÚBLICO

No século XIX, as culturas são lidas como corpos: pensemos nas leituras anatômicas que Sarmiento faz tanto da Espanha como da Argentina, ou nas doenças do Ocidente, considerado como organismo vivo, vaticinadas por Max Nordau, para dar apenas dois exemplos. Por sua vez, os corpos são lidos (e se apresentam para ser lidos) como declarações culturais. Para refletir sobre o trabalho de pose, quero resgatar esse corpo, ressaltar seu aspecto material, sua inevitável projeção teatral, suas conotações plásticas; ver quais gestos acompanham, ou mais exatamente determinam, a conduta do *poseur*. Pensar, sobretudo, como se constrói um campo de visibilidade dentro do qual a pose é reconhecida como tal e encontra uma coerência de leitura.

A exibição, como forma cultural, é o gênero preferido do século XIX, a *escopofilia*, a paixão que a anima. Tudo apela à visão e tudo se espetaculariza: exibem-se nacionalidades nas exposições universais, exibem-se nacionalismos nos grandes desfiles militares (quando não nas próprias guerras concebidas como espetáculos), exibem-se doenças nos grandes hospitais, exibe-se a arte nos museus, exibe-se o sexo artístico nos "quadros vivos" ou *tableaux vivants*, exibem-se mercadorias nos grandes armazéns, exibem-se vestidos nos salões de moda, exibe-se tanto o cotidiano como o exótico em fotografias, dioramas, panoramas. Há *exibição* e também há *exibicionismo*. A classificação da patologia ("obsessão doentia que leva certas pessoas a exibirem seus órgãos genitais") data de 1866; a criação da categoria individual, *exibicionista* — categoria que marca a passagem do *ato* ao *indivíduo* —, data de 1880.

Exibir não é só mostrar, é mostrar de tal maneira que aquilo que se mostra se torne mais visível, seja reconhecível. Assim, por exemplo, os fotógrafos de certas patologias retocavam seus fotografados para visibilizar a doença: como mostram os arquivos médicos da cidade de Paris, pintavam olheiras nas histéricas, emagreciam-nas, com o objetivo de representar uma doença que carecia de traços definidores. Interessa-me essa visibilidade acrescentada, na medida em que é indispensável para a pose do fim do século XIX. Manipulada pelo próprio *poseur*, o exagero é estratégia de provocação para não passar despercebido, para obrigar o olhar do outro, para forçar uma leitura, para obrigar um discurso. Essa estratégia não difere da maquilagem, tal como a entende Baudelaire: "a maquilagem não tem por que se esconder nem evitar se deixar adivinhar; ela pode, ao contrário, exibir-se, se não com afetação, ao menos com uma espécie de candura".[3]

O fim do século XIX processa essa visibilidade acrescentada de maneiras diversas, segundo onde se produz e segundo quem a percebe. Assim, a crítica, o diagnóstico ou o reconhecimento simpático (ou antipático) são possíveis respostas a esse excesso, ao mesmo tempo que são, não se deve esquecer, formas de uma escopofilia exacerbada. De onde quer que se olhe, o excesso sempre fomenta o que Felisberto Hernández chamaria mais tarde de "luxúria de ver".

BRINCAR DE FANTASMA

Em duas ocasiões, ao falar de um *"raro"*, Darío recorre a um preceito da cabala citado por Villiers de l'Isle-Adam em *A Eva futura*: *"Prends garde! En jouant au fantôme, on le deviant"* [Cuidado! Quem brinca de fantasma, transforma-se em um deles].[4] No ensaio de *Los raros* dedicado a Lautréamont, de fato, Darío escreve: "Não seria prudente aos espíritos jovens conversar muito com esse homem espectral, mesmo que fosse por bizarrice literária ou gosto de um manjar novo. Há um sensato conselho da Kábala: 'Não se deve brincar de espectro, porque se chega a sê-lo'".[5] E em "Purificaciones de la piedad", artigo publicado poucos dias depois da morte de Oscar Wilde, Darío observa, como já mencionei, que "desdenhando o conselho da cabala, esse triste Wilde

3   Charles Baudelaire, "Le peintre de la vie moderne", in *Oeuvres complètes*. Paris: Gallimard, Pléiade, 1954, p.914 [*O pintor da vida moderna*, trad. Tomaz Tadeu. Belo Horizonte: Autêntica, 2010].

4   Mathieu Villiers de l'Isle-Adam, *L'Eve future*, in *Oeuvres completes*, I. Genebra: Slatkine Reprints, 1970, p.103.

5   Rubén Darío, *Obras completas*, 2. Madri: Afrodisio Aguado, 1950, p.436.

brincou de fantasma e chegou a sê-lo".[6] Em ambos os casos, a frase é usada de forma a admoestar, para destacar os excessos de dois escritores e as armadilhas de uma simulação que teve consequências funestas. Mas a guinada interpretativa que Darío dá à frase é curiosa. Brincar de fantasma e chegar a sê-lo suporia um "afantasmamento", uma desrealização, um tornar-se não tangível ou não visível. Porém, a frase de Darío parece indicar o contrário: um excesso de visibilidade, de presença. Aplicada a Wilde, que é o "fantasma" que aqui me interessa, significa que seu jogo se tornou excessivamente visível, e que esse excesso o levou à ruína. Wilde *brinca* com esse algo que não se nomeia e, de tanto brincar com esse algo — de tanto *posar* ser esse algo —, dá visibilidade, chega a ser esse algo inominável.

Não é desnecessário recordar aqui a densa textura semântica que o termo "posar" adquiriu nos processos judiciais de Wilde. Em carta a seu filho Lord Alfred Douglas, de 1º de abril de 1894, o marquês de Queensberry escreve: "Não é meu propósito analisar essa intimidade [refere-se à relação entre Wilde e seu filho], e não faço denúncias. Mas em minha opinião posar de algo é tão ruim quanto sê-lo (*to pose as a thing is as bad as to be it*)".[7] Quando alguns meses mais tarde Queensberry se apresenta na casa de Wilde, acusa-o novamente de pose: "Não digo que o senhor seja, mas parece, e posa que é, o que é igualmente ruim".[8] Em carta a seu sogro, na mesma época, Queensberry escreve: "Se tivesse certeza do assunto [*the thing*], mataria a pessoa de imediato, mas só posso acusá-lo de posar".[9] Por fim, em 18 de fevereiro de 1895, como uma provocação, Queensberry deixa um cartão para Wilde no Albemarle Club de Londres com a errata que passou a ser célebre: "*To Oscar Wilde posing Somdomite*" — "Para Oscar Wilde, que posa de somdomita [sic]". O resto, como se diz, pertence à história.

6   Ibid., v. 3, p.471.
7   H. Montgomery Hyde, *The Trials of Oscar Wilde*. Londres: Dover Publications, 1973, p.71.
8   Ibid., p.73.
9   Ibid., p.74.

O que não se nomeia (o *algo*, o *o*, o *assunto*) é evidentemente o ser homossexual de Wilde, o que não cabe em palavras porque não existe ainda como conceito (ou seja, o homossexual como *sujeito*), mas que o corpo, os gestos, a pose de Wilde anunciam.[10] "É importante recordar — escreve Moe Meyer — que Wilde não foi processado inicialmente por atividade sexual perversa (sodomia), mas por um ato perverso de significação (posar de sodomita). Foi inicialmente um réu semiótico, não um réu sexual".[11] O fato de que a Coroa iniciasse depois um segundo processo, acusando Wilde já não de *posar*, mas de *ser*, mostra a força identificadora dessa pose. A pose abria um campo político em que a identificação — nesse caso, o homossexual — começava a ganhar corpo, era representado, inscrito. Os julgamentos de Wilde, iniciados pela denúncia de uma *pose*, proporcionaram um espaço de classificação. Como observa Jeffrey Weeks, "Os julgamentos foram não só muito dramáticos, foram altamente significativos ao criar uma imagem pública para o homossexual".[12]

O AMANEIRAMENTO *VOULU*

Embora não toda pose do fim do século XIX remeta diretamente ao homossexual, sujeito em vias de ser formulado e para cuja formulação, tanto cultural quanto especificamente legal, a contribuição de Wilde será decisiva, o conceito de *pose* remete a um histrionismo, a uma afetação, e

10   Veja-se, a respeito, as inteligentes observações de Alan Sinfield: "O desafio para o crítico é recuperar o momento de indeterminação. Não é que a ideia que temos hoje de 'o homossexual' se dissimulasse por trás desses silêncios, como uma estátua debaixo de um lençol, plenamente formada e pronta para ser revelada". *The Wilde Century: Effeminacy, Oscar Wilde and the Queer Moment*. Nova York: Columbia University Press, 1994, p.8.

11   Moe Meyer (org.), *The Politics and Poetics of Camp*. Nova York/Londres: Routledge, 1994, p.98.

12   Jeffrey Weeks, *Coming Out: Homosexual Politics in Britain from the Nineteenth Century to the Present*. Londres: Quartet, 1977, p.21.

a um amaneiramento tradicionalmente marcados pelo *não masculino*, ou por um masculino *problematizado*; amaneiramento que, a partir de Wilde, e talvez mais na América Hispânica do que na Europa (voltarei a essa questão), se torna cada vez mais suspeito, sujeito desse já mencionado pânico teorizado por Eve Sedgwick.[13] Ou seja, a pose do fim do século XIX — e aqui está sua contribuição decisiva ao mesmo tempo que sua percebida ameaça — problematiza o gênero, sua formulação e suas delimitações, subvertendo classificações, questionando modelos reprodutivos, propondo novos modos de identificação baseados no reconhecimento de um desejo, mais do que em pactos culturais, convidando a (brincando de) novas identidades. Trata-se agora não meramente de atitudes — languidez, neurastenia, deleite —, mas da emergência de um sujeito e, poder-se-ia acrescentar, atendendo às conotações teatrais do termo, de um novo *ator* na cena político-social.

Na América Hispânica, a pose do fim do século XIX propõe novos padrões de desejo que perturbam e incitam ao mesmo tempo. Por isso — para conjurar sua possível carga transgressora, pelo menos homoerótica — costuma-se reduzi-la a caricatura ou neutralizar seu potencial ideológico, vendo-a como mera imitação. Ela é aceita como detalhe cultural, não como prática social e política. Ela é reduzida à afeminação jocosa; para citar um crítico, a "uma fastidiosa frivolidade de esnobes que vão a nossas florestas virgens com polainas nos sapatos, monóculo impertinente no olho, e o crisântemo na lapela".[14]

---

13   Eve Kosofski Sedgwick, *Between Men: English Literature and Male Homosocial Desire*. Nova York: Columbia University Press, 1985.

14   Pedro Emilio Coll, em Arnold L. Ulner, *Enrique Gómez Carrillo en el modernismo, 1889-1896*. Tese de doutorado. University of Missouri, 1972, p.207.

POSE E PATOLOGIA

Em sua mencionada resenha sobre o "piedoso e definitivo livro" de Edmond Lepelletier sobre Verlaine, Rubén Darío escreve:

> Os amigos de assuntos tortuosos ficarão desiludidos ao ver que o que se refere à famosa questão Rimbaud é precisado com documentos em que toda perspicácia e malícia são derrotados, achando-se, em último caso, que tais ou quais afirmações ou alusões em prosa ou verso não representam senão aspectos de simulação, tão bem estudados por Ingegnieros [sic].[15]

A citação de Darío leva-me a refletir sobre um último aspecto da pose. Não a pose como sinal de amaneiramento, como visibilização da não masculinidade, mas sim o amaneiramento, a visibilização da não masculinidade — a homossexualidade, no caso preciso de Verlaine — como pose. Aparentemente, trata-se de uma simples inversão de termos. Proponho que a inversão é algo mais, que os termos não são exatamente reversíveis nem equivalentes, que sua inversão imprime uma nova direção no que poderíamos chamar a epistemologia da pose. O duplo caminho seria o seguinte: 1) a pose remete ao não mencionado, a *algo* cuja inscrição constitui a própria pose: a pose portanto *representa*, é uma *postura* significante; mas 2) o não mencionado, uma vez inscrito e tornado visível, agora é descartado como "pose": mais uma vez, a pose representa (no sentido teatral do termo), mas como *impostura* significante. Dizendo ainda mais simplesmente: a pose diz que se é algo, mas dizer que se é esse algo é posar, isto é, não sê-lo.

A citação de Darío também me serve como introdução à obra de quem se empenhou em trabalhar a pose clinicamente com exemplar afinco, incorporando-a em seu sistema *ao mesmo tempo como patologia e como terapia*. Falo evidentemente de José Ingenieros — que não é *Ingegnieros*,

15 Rubén Darío, *Obras completas*, 2, op. cit., p.718.

como escreve Darío, suspeito que não inocentemente —, que dedicou boa parte de sua pesquisa psiquiátrica ao estudo da simulação, transformando-a de fenômeno puramente biológico de adaptação (o mimetismo animal) em categoria moral negativa. A simulação, para Ingenieros, é uma estratégia de adaptação que importa um falseio, e é portanto moralmente objetável, é *"um meio fraudulento de luta pela vida"*.[16] "[N]a simulação" — acrescenta — *"as aparências exteriores de uma coisa ou ação fazem com que se confunda com outra, sem que efetivamente seja equivalente a ela."*[17] Para Ingenieros, não se pode simular (posar) ser o que se é: a pose necessariamente mente.[18]

And yet, and yet... Há um curioso deslize, em uma série de exemplos em *La simulación de la lucha por la vida*, que seriamente questiona essa asseveração:

> O ambiente impõe a fraudulência: viver, para o comum dos mortais, é submeter-se a essa imposição, adaptar-se a ela.
>
> Quem duvida, imagine por um momento que o astuto especulador não simule honestidade financeira; que o funcionário não simule defender os interesses do povo; que o literato irrelevante não simula as qualidades dos que se destacam; que o comerciante não simule interessar-se por seus clientes; que o parasita não simule ser útil a seu hospedeiro, [...]; que o pícaro não simule a ingenuidade e o superior, a inferioridade, conforme os casos; a criança, uma doença, o homossexual, a afeminação.[19]

---

16   José Ingenieros, *La simulación en la lucha por la vida* (1903), in *Obras completas*, I. Ed. rev. e anotada por Aníbal Ponce. Buenos Aires: L.J. Rosso, 1933, p.114, grifo no original.

17   Ibid., p.123, grifo no original.

18   Em outro capítulo, Ingenieros aponta: *"Simular* [...] é adotar as características exteriores e visíveis do que se simula, a fim de confundir-se com o simulado. A mentira, a hipocrisia, a astúcia podem assumir formas que envolvem o fenômeno especial da simulação, mas não são sempre nem necessariamente simulações" (Ibid., p.209).

19   Ibid., p.185.

Se não estou enganada, o último exemplo rompe significativamente com o esquema de simulação fraudulenta: o homossexual não simula ser o que não é (como o astuto especulador que simula ser honesto), mas sim, poder-se-ia dizer, *o que é*. A simulação, a pose, pareceria reforçar em vez de substituir com o signo oposto. O exemplo não cabe, pois, dentro da proposta de Ingenieros, a menos que se imagine uma interpretação de projeção ideológica mais drástica. O "homossexual" é "na realidade" um homem, portanto, ao simular o feminino, posa o que não é. Assim, o homossexual, como sujeito que transcende as categorias do binarismo de gênero, fica efetivamente eliminado na proposta de Ingenieros, reduzido a ser "na realidade" uma coisa que "simula" ser a outra.

A atitude de vigilância quase policial por parte do médico-legista que realiza "determinações periciais [...] de alto interesse penal" com o propósito de "desmascarar os simuladores"[20] recorda a vigilância de Queensberry, empenhado em ver se Oscar Wilde era ou não era *isso*. Porém, no caso de Ingenieros, o desmascaramento da pose, ao mesmo tempo que confirma a perícia do diagnosticador, produz outro resultado. Não leva à acusação, mas sim a um deslocamento de patologias — não é, se faz; ou dito nos termos da época, não é degenerado, mas sim simulador —, e esse deslocamento produz uma espécie de alívio cultural. Não só exime o simulador, mas sim seus supostos modelos, dos quais nos assegura Ingenieros que "na realidade" sempre foram enganadores, ou seja, *poseurs*: "Entre os literatos novatos, é frequente encontrar sujeitos que simulam possuir más qualidades, acreditando-as verdadeiras nos enganadores por quem estão influenciados".[21] Segundo Ingenieros, ninguém é, todos se fazem de.[22] Veja-se, por exemplo, o caso a seguir:

20   Ibid., p.254.
21   Ibid., p.259.
22   Ao alívio cultural que Ingenieros propõe, o "se faz" no lugar do "é", se opõem evidentemente alguns textos ansiosos: o já mencionado "estudo social" de Adolfo Batiz ou a obra teatral de José González Castillo, *Los invertidos* (*Obra realista en tres actos*) (1914). Buenos Aires: Puntosur, 1991.

Um jovem literato [a versão prévia do texto, nos *Archivos de psiquiatría y criminología* acrescenta: "decadente"], influenciado pelos enganadores franceses, acreditou-se obrigado a simular os refinamentos e vícios fingidos por estes, conceituando--os como verdadeiros. Simulava ser homossexual [a versão prévia diz: "pederasta passivo"], haxixista, morfinômano e alcoólatra. [...] Tudo era produto de suas pueris sugestões, fruto das influências dos estetas e super-homens cujas obras lia de preferência e sob cuja influência vivia, buscando ajustar seus atos e suas ideias ao "manual do perfeito literato decadente".[23]

Outra versão do mesmo caso, citada em *La simulación de la locura*, também de Ingenieros — foi na verdade sua tese de doutorado —, acrescenta detalhes interessantes sobre o trabalho de simulação do sujeito observado:

> Em pouco tempo, manifestou profunda aversão pelo sexo feminino, enaltecendo a conduta de Oscar Wilde, o poeta inglês que naquela época acabava de ser condenado em Londres, sofrendo na prisão de Reading as consequências de suas relações homossexuais com Lord Douglas. Escreveu e publicou uma "Ode à beleza masculina" e chegou a manifestar que só encontrava prazer na intimidade masculina.
>
> Algumas pessoas acreditaram que eram verdadeiras essas simulações, afastando-se prudentemente de sua companhia; por sorte, seus amigos o fizeram compreender que se elas podiam servir para se destacar literariamente entre seus congêneres modernistas, por outro lado o prejudicariam quando abandonasse esses esteticismos juvenis.

---

23   José Ingenieros, *La simulación en la lucha por la vida* (1903), op. cit., p.241.

O simulador protestou que ninguém tinha direito de censurar seus gostos, nem mesmo sob pretexto de considerá-los simulados. Mas, compreendendo que, no fim das contas, ninguém acreditaria neles, renunciou a suas fingidas psicopatias.[24]

É muito duvidoso que ser visto como *homossexual* ou como *pederasta passivo* fosse considerado em princípio algo desejável e, mais ainda, motivo de prestígio literário. Considerando os esforços por maquilar vidas de escritores, seja heterossexualizando-as, seja patologizando-as, que venho comentando, é pouco provável que essa simulação (se de simulação se trata) acrescentasse prestígio literário à vida de alguém na América Latina. O episódio serve, ao contrário, para diminuir ainda mais o indivíduo, apresentado como ingênuo, facilmente influenciável e, sobretudo, pouco inteligente: acredita dignas de emulação condutas que já são, como todo mundo sabe e Ingenieros se empenha em insistir, fingidas.[25]

De que modo, concretamente, se simula ser pederasta passivo e de que modo se detecta essa simulação — ou seja, qual é a pose ou a série de poses que ao mesmo tempo marcam uma identidade e inconfundivelmente revelam sua impostura — é algo que Ingenieros não explicita. O sucinto, bastante patético final do parágrafo é cheio de lacunas: o "simulado" pederasta passivo "protesta", depois "compreende", depois "renuncia": nunca saberemos, com certeza, a quê. Do

---

24 José Ingenieros, *La simulación de la locura* (1901), in *Obras completas*, II. Buenos Aires: L.J. Rosso, 1933, pp.24 e 25.

25 Em outra ocasião, Ingenieros observa que "D'Annunzio (italiano que sofreu contágios psicológicos franceses) simulou ser partidário do amor sororal e da homossexualidade: é verossímil considerar simulados tais 'refinamentos' do instinto sexual. Compreende-se que [...] não copulou com suas irmãs ou com outros homens" ("Psicología de los simuladores", in *Archivos de psiquiatría, criminología y ciencias afines*, II, 1903, p.477). Chama a atenção o uso da palavra "verossímil", em lugar de, proponho, "preferível". Também chama a atenção que em uma versão posterior desse texto, recolhido em *La simulación en la lucha por la vida*, desaparece qualquer menção à homossexualidade. Só resta a D'Annunzio a simulação do incesto, afetação, supomos, menos perigosa (ed. cit., p.232).

mesmo modo, penso que as culturas hispano-americanas do fim do século XIX também "renunciam" a assumir essas poses que durante um brevíssimo momento *significaram* para além de sua própria simulação. Esvaziadas de pertinência, ficaram desprezadas, como utensílios em desuso, no armário da representação, para não falar do armário da crítica. Penso que era justo devolver a elas a chamativa visibilidade que alguma vez tiveram.

SEGREDO DE POLICHINELO: DESLOCAMENTOS LÉSBICOS EM TERESA DE LA PARRA

Eu nunca soube sua história, se é que teve alguma; as histórias de amor das solteiras que não morreram jovens e gloriosas [...] não interessam a ninguém. A família não se recorda delas. Sobre o coração pudico que murcha com seu segredo, vão caindo os dias como flocos de neve, e o segredo fica trancado sob a brancura do tempo.

TERESA DE LA PARRA,
Influencia de las mujeres en la formación del alma americana

Amavam a independência e não amavam seus pretendentes. Muitas coisas as uniam.

JEANNETTE MARKS,
Gallant Little Wales

[A] inexplicável presença do não nomeado, o matiz que o ouvido adivinha, mas que não ouve.

WILLA CATHER,
"The Novel Demeublé"

No final de cada volume da coleção da Biblioteca Ayacucho de clássicos da América Latina, há uma cronologia dividida em três colunas: a da esquerda está reservada à vida do autor; a do meio, a acontecimentos nacionais e continentais; a da direita, a acontecimentos ocorridos no que se denomina, com toda a ingenuidade, "o mundo exterior". A coluna da esquerda costuma ter menos material que as outras, obviamente porque ocorrem mais coisas no mundo, seja "exterior", seja "interior", que na mera vida de um indivíduo. Ainda assim, a coluna pessoal dedicada a Teresa de la Parra, na edição de sua *Obra* pela Ayacucho, está singularmente vazia. Não há nenhum registro entre a data de seu nascimento e o ano de 1923, quando deixa a Venezuela para estabelecer-se na Europa; depois, de 1923 até sua morte em Madri, em 1936, sua vida é documentada com uma parcimônia que beira a miséria. A desigual cronologia tripartida da Ayacucho pareceria dizer-nos que, enquanto na Venezuela, na América Latina e no "mundo exterior" aconteciam muitas coisas, Teresa de la Parra quase não vivia.

A vida de um escritor pode carecer de acontecimentos notáveis e portanto parecer ao biógrafo, ou neste caso ao organizador, não digna de ser contada. Não é esse, no entanto, o caso de Teresa de la Parra, cuja sociabilidade era parte de sua lenda e cuja doença, mesmo quando a limitava fisicamente, fez com que levasse uma das existências epistolares mais ativas que se possa imaginar. E entretanto, o compilador da Biblioteca Ayacucho evita até o relato superficial desses *fatos*. Para começar, então, quero examinar essa reticência que a coluna quase vazia do volume da Ayacucho comprova de modo tão claro e refletir sobre suas possíveis causas.

É verdade que os parentes de Teresa de la Parra não foram generosos na hora de oferecer detalhes biográficos específicos. Também é verdade que a vida de Parra, como a de muitas escritoras latino-americanas, se transformou rapidamente em lenda, uma lenda que encobriu as lacunas mais inquietantes de sua vida, deu lugar a explicações mais ou menos satisfatórias de outras, e assim adaptou a vida de Parra a um roteiro cultural aceitável. Uma das lacunas que mais intrigaram os críticos de Teresa de la Parra é, previsivelmente, a ausência de uma relação amorosa, ou, como um crítico pergunta de modo impaciente: "Quem essa mulher realmente amou?".[1] Vale a pena considerar, ainda que não mais do que brevemente, algumas das respostas que os críticos mais preocupados com o assunto ofereceram. Ramón Díaz Sánchez sugere que a Teresa de la Parra "faltou trilhar caminhos. E entre eles o do amor [...]. E em vez do amor o que chega é a morte".[2] A afirmação, evocativa de uma vida jovem interrompida na flor da idade, *à la* Marie Bashkirtseff, carece de sentido quando se refere a Teresa de la Parra, que morreu, no fim das contas, aos 47 anos. Outro crítico lê a aparente ausência de amor na vida de Parra como resultado de uma escolha deliberada. Recorrendo ao imperativo conjugal, ao mesmo tempo que o desloca, reduz Parra a um estereótipo — o "estar casada" com sua escrita — tão confortável para enquadrar a mulher solteira cuja sexualidade se prefere ignorar. "Teresa escolheu em favor [da obra de criação] e renunciou ao casamento [...]. Por isso, uma vez escreveu 'vivo como uma freira diante do lago Lemano, escrevendo' [...]. Foi uma forma de amor".[3] A imagem da freira escritora, tão evocadora de Sor Juana, sobre cuja suposta sexualidade, ou carência dela, também se escreveu muito, é sem dúvida significativa. Mas há ainda outra conjectura por parte dos críticos: Teresa de la Parra haveria sim amado alguém, diz essa versão, e esse alguém era o ensaísta equatoriano Gonzalo

---

1 Rosario Hiriart, *Más cerca de Teresa de la Parra* (*Diálogos con Lydia Cabrera*). Caracas: Monte Ávila, 1980, p.61, nota 1.

2 Ramón Díaz Sánchez, *Teresa de la Parra, clave para una interpretación*. Caracas: Garrido, 1954, pp.22-24.

3 R. J. Lovera de Sola, "Un aspecto en la vida de Teresa de la Parra". *El Nacional*, Caracas, 4 dez. 1978.

Zaldumbide. A relação foi aclamada como decisiva por alguns e considerada menos significativa por outros, até mesmo pelos familiares da própria Parra. Em uma entrevista de 1957, que propõe uma espécie de versão oficial, sua irmã María declara sem entusiasmo que Zaldumbide "não a desgostava [a Teresa]".[4] Frustrado em seus desejos de obter dados mais precisos, um crítico escreve:

> A existência secreta de um admirador anônimo não foi nem admitida nem negada, o que apresenta uma fantasmática caixa de Pandora que nenhum biógrafo conseguiu abrir. Os encantos femininos e a natureza romântica de Teresa eram inegáveis, e a reticência de familiares e amigos a discutir mesmo a ausência de amor em sua vida foi pronunciada. Aqueles que simplesmente desejam entender melhor suas decisões vitais têm como única opção buscar respostas nas páginas de *Ifigenia*.[5]

A afirmação é reveladora em mais de um nível. Primeiro, indica-nos que é a *ausência* de amor, e não sua *presença*, o que preocupa os críticos. Segundo, implica que indagar sobre essa vida é uma tarefa que traz consigo risco, até mesmo para os biógrafos desejosos de "entender melhor". A menção à caixa de Pandora, tão evocadora da falta de controle, da desgraça e, sobretudo, do erro feminino, não é, proponho, totalmente inocente: se a caixa de Pandora permaneceu sem ser aberta, isso se deve ao fato de que ninguém quis realmente abri-la. Por último, a noção de que o estudo detido de *Ifigenia*, texto de ficção de Parra, é a "única opção" que resta ao crítico como fonte sobre a vida de Teresa de la Parra propõe uma pergunta imediata: por que não buscar em outros lugares?

O insistente esforço em descobrir, sem querer realmente descobrir, detalhes da vida amorosa de Teresa de la Par-

---

4   Nélida Galanovic Norris, *A Critical Appraisal of Teresa de la Parra*. Tese de doutorado. Los Angeles: UCLA, 1980. Citada em Rosario Hiriart, *Más cerca de Teresa de la Parra*, op. cit., p.63, nota 2.

5   Louis Antoine Lemaître, *Between Flight and Longing. The Journey of Teresa de la Parra*. Nova York: Vantage Press, 1986, p.55.

ra (semelhante ao realizado no caso de José Asunción Silva ou no de José Enrique Rodó) é um verdadeiro exercício de supercompensação no que se refere ao gênero. Embora os críticos não possam dizer *a quem* amou — ou inclusive *se* amou —, todos concordam que Teresa de la Parra era muito *feminina*. O entusiasmo com que se atribui a ela essa feminilidade obrigatória oscila entre o pornográfico e o paranoico. Assim, Arturo Uslar Pietri escreve: "Teresa de la Parra é uma das escritoras mais femininas. Ninguém a supera nesse dom. *Ifigenia* é um livro mulher: atraente, obscuro, perturbador [...]. Em sua prosa, há frases, bobagens, simples adjetivos que são como uma incitadora nudez".[6] Por sua vez, Carlos García Prada, em sua introdução às incorretamente chamadas *Obras completas* de Parra, acrescenta uma guinada defensiva: "Era franca e espontânea e eminentemente *feminina*; embora conhecesse bem os princípios técnicos e os ideais das modernas escolas literárias, Teresa desdenhava a 'virilidade' de que tanto se ufanam outras escritoras contemporâneas. Seu ideal era ver, sentir, agir e escrever como mulher".[7]

Essa hipercorreção — não só é feminina, mas também *não masculina* — assinala, embora sem nomeá-la, aquela parte da vida de Teresa de la Parra que todos, críticos e parentes, estão seja apagando, seja negando-se a enfrentar.

Proponho aqui outra leitura de Teresa de la Parra, sem querer impor preconceitos naturalizadores — o necessário amor, a obrigatória feminilidade — sobre um vazio vital que é resultado da eliminação de dados incômodos, mas sem desconsiderar também o modo como se efetua essa eliminação pelo que tem de revelador. Quero olhar mais de perto essa vida truncada pela crítica (teria podido fazer o mesmo com Gabriela Mistral), apoiando-me na obra de Parra, mas também em outros textos de sua autoria, diários e cartas seletas expurgados por, como se costuma dizer, "mãos amigas" e, em

6   Arturo Uslar Pietri, "*Ifigenia* de Teresa de la Parra", in Velia Bosch (org.), *Teresa de la Parra ante la crítica*. Caracas: Monte Ávila, 1980, p.79.

7   Teresa de la Parra, *Obras completas*. Introd. de Carlos García Prada. Caracas: Arte, 1985, p.10.

alguma ocasião, pelas próprias mãos da autora.[8] Quero olhar mais de perto essa vida para reunir elementos que nos proporcionem *outra* Teresa de la Parra, que não necessariamente substitui a primeira, a dos registros convencionais, mas que a complementa. Diversamente dos críticos mencionados, não desejo preencher lacunas, mas sim ler as próprias lacunas como espaços de resistência, de provocação ou também — quando as lacunas são produto da censura dos críticos — como espaços de vergonha social.

A obra de ficção de Parra — escrita sempre em primeira pessoa — está marcada em sua totalidade pela inquietação do gênero, a disfuncionalidade familiar e o desassossego físico.[9] Em vida, Parra publicou três textos: *Diario de una caraqueña por el Lejano Oriente* (1920), *Ifigenia* (*o diario de una señorita que se fastidia*) (1924) e *Las memorias de Mamá Blanca* (1929). Postumamente, foram publicadas suas três conferências sobre "La importancia de la mujer americana",[10] seleções muito fragmentadas de sua correspondência, e uma igualmente irregular seleção do diário que escreveu durante os seis últimos anos de vida. Ocupar-me-ei mais adiante desses textos póstumos; detenho-me, por enquanto, nos três primeiros.

Além de adotar de maneira sistemática a enunciação em primeira pessoa, os três textos imitam — seja como *diários*, seja como *memórias* — a modalidade autobiográfica. Entretanto, tal como o texto e a própria Parra, em sua correspondência, esclarecem, se trata de um *efeito* autobiográfico, uma máscara distanciadora que interrompe todo projeto de identificação. Tratando de seu romance *Ifigenia*, Parra escreve:

---

8   Id., *Obra*. Caracas: Ayacucho, 1982, p.455.

9   Sobre o corpo na ficção de Parra, ver Elizabeth Garrels, *Las grietas de la ternura. Nueva lectura de Teresa de la Parra*. Caracas: Monte Ávila, 1986, especialmente "Los cuerpos problemáticos", pp.43-54. Sobre o incômodo causado pelo gênero em Parra, ver Doris Sommer, *Ficciones fundacionales: las novelas nacionales de América Latina*. México: Fondo de Cultura Económica, 2009.

10   Teresa de la Parra, *Tres conferencias inéditas*. Pról. de Arturo Uslar Pietri. Caracas: Garrido, 1961.

A verdadeira autobiografia está [no tom], não na narração, como quase todo mundo pensa [...]. Para fazer María Eugenia Alonso falar em tom sincero e desenfreado, eu a fiz a antítese de mim mesma, atribuí a ela os defeitos e qualidades que não tinha, a fim, eu acreditava, de evitar que ninguém pudesse me confundir com ela. [...] [N]inguém sentiu a transposição, acreditaram na autêntica biografia e penso que é aí que está o segredo do sucesso de *Ifigenia*. O público adora as confissões.[11]

As três autobiografias falsas de Parra permitem tirar algumas conclusões. Primeiro: em sua obra há uma forte tendência ao autobiográfico e, em paralelo, um impulso igualmente forte de conter essa tendência por meio de estratégias de deslocamento e transposição. Para Parra, a autobiografia direta inibe; a autobiografia oblíqua, ao contrário, liberta, permite a *impertinência*. Segundo: o processo de transposição em Parra recorre à alteridade feminina, à projeção sobre uma "outra" especular em um ato de cumplicidade feminina. Terceiro e quarto juntos: essa *outra* de cuja vida o eu se apropria está aparentada com o eu narrador por meio de laços familiares ou pseudofamiliares: o *Diario* reinscreve as cartas de uma irmã de Parra; *Ifigenia* conta a história de outra mulher vista "de perto" que, como vimos, é como seu outro eu; *Memorias* reescreve a vida de uma mulher à qual a narradora se sente estreitamente ligada por "misteriosas afinidades espirituais".[12] Mas, ao mesmo tempo, essa *outra* especular funciona como o negativo de Parra, ilustrando um modelo de vida que só permite a autodefinição por contraste. A protagonista do *Diario* é uma mulher de classe média convencionalmente casada. A de *Ifigenia* termina capitulando à pressão social, casando-se com um estereótipo da fatuidade e do autoritarismo burgueses. A protagonista das *Memorias*, possivelmente

11 Teresa de la Parra, *Obra*, ed. cit., p.627.
12 Ibid., p.315. Ver excelentes reflexões sobre a colaboração literária feminina em Elizabeth Garrels, *Las grietas de la ternura*, ed. cit., pp.134-136, e em Doris Sommer, *Ficciones fundacionales*, ed. cit., pp.312-316.

a mais próxima — em termos ideológicos — de Parra, está distanciada dela pela idade e pela idealização. Como em um jogo de adivinhações em que o leitor ávido — esse leitor que "adora as confissões" — é derrotado de antemão, o texto de Parra provoca incansavelmente, experimenta com a semelhança, tendo como único objetivo destacar a diferença.

As cenas de *voyeurismo*, ou melhor, de visão oblíqua, abundam em Teresa de la Parra, cenas que em geral envolvem duas mulheres. A mais chamativa, evidentemente, é a cena do espelho de "María Moñitos", em *Memorias de Mamá Blanca*: a mãe dedicando-se a cachear o cabelo liso da filha, enquanto a diverte com contos de fadas; a filha espiando o simulacro de feminilidade que é sua imagem no espelho e exigindo da mãe que mude (ou seja, que corrija) o final do conto que está contando a ela. Quero deter-me em outra cena, tirada da introdução de *Memorias*. Essa outra cena de *voyeurismo* — a narradora menina, entrando sigilosamente e sem ser convidada na casa de Mamá Blanca, espiando detidamente a mulher mais velha — é fundamental para a cena de escrita de Parra. Eludindo a genealogia direta, em um ato de transmissão oblíqua sustentado pela cumplicidade e pelas afinidades femininas, essa mesma garota herda, anos depois, o "manuscrito misterioso" que Mamá Blanca escreveu em segredo e não deixou para seus herdeiros diretos: "Escrito para eles [meus filhos e netos], vou legá-lo a você. Leia-o se quiser, mas não o mostre a ninguém".[13]

Sempre me chamou a atenção a disparidade entre o tom conspiratório dessa cena de transmissão de um segredo e o próprio conteúdo, relativamente inocente, de *Memorias*. Não há proporção entre as recordações infantis que ali são narradas e a *clandestinidade* que se atribui à escrita, leitura e disseminação do texto. Quero propor que Parra, por meio de um desses processos de transposição e deslocamento nela frequentes, está dizendo, evidentemente, outra coisa. Ao ressaltar o que é secreto, clandestino, conspiratório, no limiar, por assim dizer, de um texto ideologicamente inócuo, oferece chaves de leitura não tanto para *Memorias*, mas sim para sua estratégia literária em geral: convida à leitura desconfiada, à

13   Teresa de la Parra, *Obra*, ed. cit., p.321.

decodificação de uma obra e sobretudo de uma vida que permanentemente margeia o indizível. E ao escolher uma narradora que, não acatando o pedido da autora das memórias, torna o texto público e revela seu suposto "segredo", Parra oferece um modelo para o leitor, convidando-o a um ato de traição necessária para que isso que não se diz possa ser nomeado: "A única coisa que considero bem escrita [...] é o que não está escrito, o que tracei sem palavras, para que a benevolência do leitor fosse lendo em voz baixa".[14] Essas palavras de Teresa de la Parra guiam minha própria leitura: o que se pode rastrear sem palavras — ou o que foi intencionalmente obliterado por outros — entretanto *está ali*, para que o leitor cúmplice, convocado por Parra, descubra.

Se a homossexualidade na literatura latino-americana se revela incômoda, o lesbianismo em particular causa sérios problemas aos críticos. O lesbianismo de Gabriela Mistral, por exemplo, foi durante anos segredo de polichinelo, ou seja, segredo cuja função, para citar David Miller, "não é esconder algo, mas sim esconder que se está a par desse algo".[15] Entretanto, a imagem, polida até a perfeição quase marmórea, da pedagoga celibatária e mãe espiritual da América Latina, em luto permanente pela morte de um noivo que se matou na juventude — imagem com a qual a própria Mistral, como se sabe, colaborou assiduamente —, até os dias de hoje impede leituras mais complexas e variadas de sua vida e obra.[16] Se Teresa de la Parra não sofreu um condicionamento hagiográfico similar que a reduzisse a uma lenda sem emendas, isso se deve ao fato de que, em certo sentido, não era necessário fazê-lo: diversamente de Mistral, Parra não foi figura pública nem política, mas sim, para o leitor médio, simplesmente uma "senhora que escreve", anotando impressões enquanto levava a vida em Paris. Entretanto, a ansiedade demonstrada por parentes, amigos e críticos, o desejo de expurgar seus diários e cartas,

14   Teresa de la Parra, *Obra*, ed. cit., p.595.
15   David A. Miller, *The Novel and The Police*. Berkeley: University of California Press, 1988, pp.205 e 206.
16   Com exceções, destacadamente Licia Fiol-Matta em seu notável *A Queer Mother for the Nation: The State and Gabriela Mistral*. Minneapolis: University of Minnesota Press, 2001.

revela a mesma necessidade de esconder, ou traduzir em um roteiro aceitável, que no caso de Mistral. Eu pouco sabia sobre a vida pessoal de Parra, mas a lacônica biografia da edição da Ayacucho, os cortes que sua escrita sofreu e sobretudo o *resto* que permanece por descuido dos censores, me revelaram mais do que qualquer declaração direta poderia haver me dito.

Os cortes brutais afetaram em particular o diário de Parra, escrito entre 1931 e 1936. Trata-se de um diário cuja existência foi negada durante anos pela família, mesmo quando um crítico, Ramón Díaz Sánchez, que havia conseguido lê-lo inteiro, o havia citado *in extenso* em seu livro de 1954 sobre a escritora. Somente anos mais tarde, no mencionado volume da Ayacucho da *Obra* de Parra, foram publicados alguns trechos isolados desse diário. Para dar apenas um exemplo do trabalho sistemático de apagamento e revisão a que o texto foi submetido, proponho na sequência a seguinte comparação. Primeiro, cito o registro do diário que corresponde ao dia 21 de janeiro de 1936, tal como Díaz Sánchez o transcreve (e tal como se encontra no arquivo de Parra na Biblioteca Nacional de Caracas). Depois, o registro correspondente ao mesmo dia, tal como aparece citado na edição da Ayacucho:

> Penso por um momento na felicidade do hedonismo e do ideal epicurista do qual posso gozar no que me resta de vida, sobretudo ao lado de Lydia cujas circunstâncias como a mim permitem isso: como eu, se sente mal entre as pessoas e encontra seu bem-estar na independência e na solidão.[17]

> Penso por um momento na felicidade do hedonismo e do ideal epicurista do qual posso gozar no que me resta de vida sobretudo se as circunstâncias me permitem isso: eu me sinto mal entre as pessoas e encontro bem-estar na independência e na solidão.[18]

---

17   Ramón Díaz Sánchez, *Teresa de la Parra, clave para una interpretación*, ed. cit., p.180.

18   Teresa de la Parra, *Obra*, ed. cit., p.464.

O que deve voltar ao domínio *do não dito* não é somente a presença da antropóloga cubana Lydia Cabrera na vida de Teresa de La Parra, mas também o fato de que Parra desejava compartilhar com ela "o que me resta de vida". Se a presença de Cabrera não foi completamente suprimida do diário, foi reduzida a uma posição puramente auxiliar.[19] A mulher à qual Parra, brincando com seu sobrenome, chamava de "Cabrita"; com a qual tinha uma relação exaltada por Gabriela Mistral (que sim *entendia*) por sua "qualidade de eternidade";[20] que compartilhou a vida com Parra durante seus últimos cinco anos, acompanhando-a de sanatório em sanatório em busca de uma cura sempre inalcançável até sua morte em Madri; para quem Parra deixou seus pertences mais queridos; que, quebrando as convenções, assistiu ao enterro de Parra enquanto as "mulheres da família" permaneceram em suas casas;[21] que, após a morte de Parra, recorreu a um médium para contatar sua amiga (com sucesso, afirmava);[22] essa mulher, graças aos cortes realizados no diário, fica deslocada, reduzida a uma mera circunstância na vida da escritora. Embora Lydia Cabrera não seja totalmente suprimida das versões que os críticos propõem de Teresa de La Parra, ela é limitada (nas poucas vezes em que é mencionada) ao clichê; é a carinhosa "boa amiga".

As cartas de Teresa de la Parra a Lydia Cabrera contam, evidentemente, outra história. Publicadas somente em 1988, após fracassadas tentativas anteriores,[23] documentam, mesmo

19   Outra supressão que mostra o extremo ridículo a que chega a paranoia dos editores. Parra escreve de passagem em seu diário: "Lydia tira da caixa de livros um pacote de cartas. Quase todas ano 29. Leitura estabelece entre as duas doce corrente nostalgia e nos sentimos muito unidas". O registro foi suprimido da edição da Ayacucho.

20   Rosario Hiriart (org.), *Cartas a Lydia Cabrera* (*Correspondencia inédita de Gabriela Mistral y Teresa de la Parra*). Madri: Torremozas, 1988, p.44.

21   Id., *Más cerca de Teresa de la Parra*, op. cit., p.116.

22   Ibid., p.70.

23   Em seu prefácio às *Cartas*, Hiriarte descreve a reticência de Cabrera e sua então companheira, María Teresa de Rojas, em publicar as cartas de Parra no primeiro livro de Hiriart sobre ela, *Más cerca de Teresa de la Parra*. Somente depois da morte de Titina Rojas, Cabrera cedeu e aceitou publicá-las em memória de Teresa e Titina [in Rosario Hiriart (org.), *Cartas*

com seus cortes e lacunas, a importância do vínculo. É necessária uma mínima contextualização para explicar a dinâmica dessa correspondência e, na verdade, da relação. Lydia Cabrera conheceu Teresa de la Parra em 1924, quando esta fez escala em Havana rumo à Venezuela.[24] Como Cabrera recorda:

> Contei a ela que trabalhava para me tornar independente, ter fortuna própria e ir embora para Paris para pintar e estudar. Como então eu parecia ainda mais jovem do que era, as atividades e projetos, o *"plante"* — como se dizia em Cuba — daquela garotinha a divertiu muito. Ela me estimulou a concretizar meus projetos e me deu seu cartão para que a procurasse quando chegasse a Paris. Eu dei o meu a ela e agradecida escrevi "favor não me esquecer".[25]

---

a Lydia Cabrera (*Correspondencia inédita de Gabriela Mistral y Teresa de la Parra*), ed. cit., p.33]. As cartas que Hiriart publica chegam às suas mãos já com certos cortes: "Note-se que há ocasiões em que faltam páginas (nas de Teresa); supomos que pertencem a contextos mais amplos. O restante chegou às minhas mãos escrito à máquina por María Teresa Rojas, que antes de sua morte revisou parte desse material com a colaboração de Mercedes Muriedas, secretária de Lydia desde os anos de Havana. Nelas, encontramos iniciais de nomes próprios *e se vê que alguns parágrafos foram suprimidos*" (grifo nosso). Além das cartas de Parra a Cabrera, o livro de Hiriart contém oito cartas de Gabriela Mistral, as duas primeiras dirigidas a Parra e Cabrera, conjuntamente; as outras seis, escritas depois da morte de Parra, dirigidas a Cabrera. Interessa-me em particular a primeira dessas cartas, publicada anteriormente em duas ocasiões, primeiro por Lydia Cabrera [*Siete cartas de Gabriela Mistral a Lydia Cabrera* (Miami: Peninsular Printing, 1980) e mais tarde por Hiriart (*Más cerca de Teresa de la Parra*)]. Em ambas as publicações, foi suprimido um parágrafo dessa carta, bastante explícito no que se refere à intensidade da relação entre Cabrera e Parra, em que Mistral repreende a ambas por um desentendimento amoroso e a consequente separação provisória [in Rosario Hiriart (org.), *Cartas a Lydia Cabrera* (*Correspondencia inédita de Gabriela Mistral y Teresa de la Parra*), ed. cit., pp.43-44].

24 Nessa viagem, Parra viaja à Venezuela partindo de Paris, onde Emilia Barrios, com quem havia vivido durante vários anos, acabara de falecer. Como se pode supor, a importância dessa mulher na vida de Parra também foi ignorada pela crítica.

25 Rosario Hiriart, *Más cerca de Teresa de la Parra*, ed. cit., p.52.

Quando finalmente Cabrera vai a Paris, em 1927, "[Teresa] me mostrou — para minha surpresa — o cartão que eu havia dado a ela anos antes em Havana e que dizia 'favor não me esquecer'".[26] Essas palavras voltarão a aparecer em uma precoce e particularmente intensa carta de Parra, como marca verbal do início de sua relação. A partir daí, as vidas dessas duas mulheres ficam efetivamente entrelaçadas. Ambas vivem em Paris, mas não moram juntas. Parra escreve, Cabrera estuda arte na École du Louvre (seu trabalho antropológico virá depois). Representam a variante latino-americana da lésbica expatriada que vive bem e que escolhe deixar a América, a do Norte ou a do Sul, para levar uma vida "independente". (Voltarei mais adiante a essa noção de independência, crucial em Teresa de la Parra). Parra menciona Cabrera em suas cartas a outras pessoas, e escreve por exemplo que está viajando à Itália "com uma amiga, L.C., inteligente e muito artista, de quem gosto muito e com quem compartilho os mesmos gostos".[27] O eufemismo — a amiga cubana de quem gosto muito e com quem compartilho gostos — reaparecerá em outras cartas de Parra (Cabrera, por sua vez, se refere a Parra como "essa criatura admirável que minha devoção não sabe se chama de mãe ou de irmã").[28] Quando, em 1931, se fazem sentir os primeiros sinais da tuberculose de Parra, Cabrera deixa Paris para acompanhá-la em Leysin, onde ocupa um quarto contíguo ao seu no sanatório. A partir desse momento, viverá quase constantemente com Parra, com exceção das viagens pela Europa com sua família ou breves regressos a Paris. Quando Parra falece em Madri, em 1936, deixa para Lydia Cabrera sua biblioteca (que foi desmontada durante a ocupação alemã de Paris), seus manuscritos (que a família de Parra reivindicou) e um anel que havia herdado de Emilia Barrios, anel que Parra usava constantemente e no qual havia mandado gravar "Au revoir" pouco antes de morrer. Lydia Cabrera descobriria a inscrição no interior do anel somente depois da morte de Parra.[29]

26   Ibid., p. 52.
27   Teresa de la Parra, *Obras completas*, ed. cit., p.861.
28   Rosario Hiriart (org.), *Cartas a Lydia Cabrera (Correspondencia inédita de Gabriela Mistral y Teresa de la Parra)*, ed. cit., p.10.
29   Rosario Hiriart, *Más cerca de Teresa de la Parra*, ed. cit., pp.46 e 47.

O excurso biográfico é necessário para situar Parra e Cabrera em contexto. Entretanto, não me interessa ver o modo como as cartas reproduzem detalhes biográficos, nem determinar, a partir do que ali se diz (ou não se diz), as *formas* especificamente emocionais e sexuais que a relação assumiu. Quero ver essas cartas (e o diário) mais exatamente como textos que expressam tanto a dificuldade de afirmar uma sexualidade divergente, como, mais geralmente, um mal-estar em torno da questão do gênero. Em outras palavras, mais do que na manifestação direta do desejo *per se* entre essas duas mulheres, me interessam o modo como o desejo se vê a si mesmo, os rodeios aos quais recorre para nomear-se, a simulação à qual deve recorrer para "passar", os códigos que utiliza para ser reconhecido mesmo quando se mascara, e também a repressão que esse desejo exerce contra si mesmo ao internalizar preconceitos convencionais.

As cartas de Parra enviadas dos sanatórios de Leysin ou Vevey, escritas nos períodos em que Cabrera estava ausente, além de recriar a comovente *petite histoire* dos doentes terminais, frequentemente incluem uma análise detalhada dos livros que Parra lê e dos filmes a que vai assistir no povoado. As referências às *Lettres à l'amazone*, de Remy de Gourmont, cartas dirigidas a Natalie Barney (cujo lesbianismo era reconhecido) que Parra critica por seu sentimentalismo;[30] a longa discussão sobre o filme *Mädchen in Uniform*;[31] os comentários sobre um livro de Colette, que Parra e Cabrera leem assim que é publicado,[32] operam nessa correspondência como signos cúmplices de reconhecimento e autoexpressão, permitindo tanto à autora como à sua destinatária nomear um desejo e reiterar uma sexualidade por meio de referências codificadas. Mas além do impacto dos nomes significativos (Barney, Colette, *Mädchen in Uniform*), o que se diz sobre os textos ou filmes é em si importante. Se o comentário permite a Parra e Cabrera confirmar, em um processo empático, sua pró-

30   Id. (org.), *Cartas a Lydia Cabrera (Correspondencia inédita de Gabriela Mistral y Teresa de la Parra)*, ed. cit., p.105.
31   Ibid., p.103.
32   Ibid., pp.137-138.

pria identidade sexual, também permite a elas estabelecer diferenças, isto é, reconhecer que a expressão de sua própria sexualidade não precisa coincidir com a, e na verdade pode diferir da, que se expressa nesses textos. Esse duplo processo se torna transparente tanto nos comentários de Parra sobre *Mädchen in Uniform* como em sua leitura de Colette. O tratamento que Parra dispensa a esta última é bastante complexo. É óbvio que admira Colette e que até certo ponto se considera influenciada por ela. Em seu registro no diário em 11 de setembro de 1931, mutilado pelos censores, mas ainda significativo, se lê: "Relida a 2ª *Claudine* de Colette que não recordava absolutamente. Acho que deve ter tido influência sobre mim: li acho que em 1920".[33] A série de Claudine, como o leitor recordará e felizmente o censor não recordou, dedica espaço considerável, em todos os volumes, a explorar a atração entre pessoas do mesmo sexo em suas diferentes formas. Poucos anos depois, em uma carta enviada de Leysin a Cabrera, Parra menciona outro livro de Colette, provavelmente *Ces plaisirs...* (mais tarde *Le pur et l'impur*), que acabara de sair e que Parra confessa haver lido de uma vez.[34] Nessa ocasião, sua reação diante do *tom* de Colette é ambígua. Embora se sinta indubitavelmente atraída pelo humor, se sente ofendida (ou talvez ameaçada?) pelo que considera seu despudor:

> [A] mulher é muito simpática e conquista [...]. [É] impossível não ceder a ela e não rir. E umas coisas tão gráficas: há algo sobre os *seios viris* que por isso não se pode acariciar, como as bochechas e os pêssegos... Eu acho que Colette é uma desbocada, por mal-educada e vagabunda. Sempre andou entre gente *faisandé* e teve a desgraça de ter muito *esprit*. O horrível *esprit* brilhante que mata tantas coisas e é no fundo uma escola de vulgaridade de espírito. É possível que haja fibra sentimental em

---

33   Teresa de la Parra, *Obra*, ed. cit., p.449.
34   Rosario Hiriart (org.), *Cartas a Lydia Cabrera (Correspondencia inédita de Gabriela Mistral y Teresa de la Parra)*, ed. cit., p.137.

Colette. Eu acho que ela tem e a esconde, é seu único pudor. Que descaradinha ela é![35]

A apreciação de Cabrera deve ter sido mais dura ainda que a de Parra, porque em sua carta seguinte, Parra escreve: "Não gosto nada de Colette, você tem razão de sobra em tudo o que diz, e eu devolverei o livro".[36] A declaração surpreende se for comparada com o registro no diário de 1931, já mencionado, em que afirma sua dívida para com Colette, mas é provável que Parra, e obviamente Cabrera, tenham achado desconcertante esse livro de Colette *em particular* e que as francas (e às vezes irônicas, embora não negativas) descrições das lésbicas as tenham perturbado mais do que estavam dispostas a admitir: era um espelho revelador demais. É mera suposição, evidentemente, mas uma frase nas cartas de Parra pareceria confirmar essa conjectura. Depois de afirmar que agora não gosta nada de Colette, Parra escreve: "O que me agradou foram as *Ladies* que eu não conhecia. Você não sabe como as *vi* e até que ponto me comoveram. Ela, Colette, não tem senão as piadas...".[37]

Quem são essas *Ladies*? Por acaso, Parra se refere, taquigraficamente, a todas as mulheres descritas por Colette? O uso do termo em inglês é providencial e permite situar uma referência mais precisa. Uma seção importante de *Ces plaisirs...*, como se pode recordar, é dedicada a Sarah Ponsonby e Eleanor Butler, as *Ladies* de Llangollen, duas irlandesas de classe alta que no fim do século XVIII fugiram de suas casas, vestidas de homem, para instalar-se em Gales, onde viveram como um casal durante 53 anos, respeitadas por sua pequena comunidade e pela maior parte do *establishment* literário.[38] A simpatia de

35   Ibid., p.137.
36   Ibid., p.138.
37   Ibid., p.138.
38   Além da versão de Colette das *Ladies*, ver Jeanette Marks, *Gallant Little Wales* (Boston/Nova York: Houghton Mifflin, 1912) e Lillian Faderman, *Surpassing the Love of Men: Romantic Friendship and Love between Women from the Renaissance to the Present* (Nova York: William Morrow, 1981, pp.120-125). A própria Jeanette Marks viveu uma relação muito similar com Mary Woolley em Mount Holyoke (ver Anna Mary Wells, *Miss Marks and Miss Woolley*. Boston: Houghton Mifflin, 1978).

Parra, mais do que isso, a *emoção* que expressa para com as *Ladies* é reveladora, penso, de uma postura ideológica que analisarei mais detalhadamente. Embora Parra possa reconhecer seu próprio desejo em algumas das outras descrições de Colette, não se identifica necessariamente com elas, ou talvez, como em sua reação diante da própria Colette, se identifica ao mesmo tempo que nega isso. Por outro lado, o que a atrai *emocionalmente* nas *Ladies* de Llangollen é um modo particular de relação entre mulheres que lhe parece mais familiar, uma relação na qual não só pode *ver* a si mesma ("Você não sabe como as *vi*"), mas que também pode reconhecer *culturalmente*.

Antes de continuar com esse aspecto, quero me deter brevemente em outros textos de Parra. O primeiro é uma carta que ela envia a Cabrera, em 1933, na qual descreve as reações de seus colegas de sanatório ao filme de 1931, *Mädchen in Uniform* (legendado em francês, por mero acaso, pela própria Colette):

> Na mesa, discutiram sobre *Jeunes filles en uniforme*, apaixonadamente e durante muito tempo. Contarei a você outro dia o que a discussão me sugeriu. A mentalidade dos três teria divertido e interessado muito a você: Heitor, Madriz e Cezy: "Ficou triste *de pensar* que poderiam existir essas coisas" (e inclinava a cabeça abaixada); Madriz intransigente, tomado de fúria como diante da presença de um monstro misterioso. Já haviam ido "além do filme". Não aceitava o beijo da professora em Manuela. Assegurava que quando se beijam assim "fariam outras coisas", e ele, que rodou por todos os prostíbulos imundos, falava com horror e como com nojo. Chamou minha atenção: 1º, que não aceitasse o amor sensual mas sem realização, e 2º, a intransigência quanto ao amor em si, sua incapacidade de compreensão. Quanta vulgaridade me pareceu que encerrava tal intransigência em um libertino. Heitor esteve muito mais compreensivo, mas lhe asseguro que era interessantíssimo observar os três. Eu na atitude *meio-termo*, afirmando o amor sensual que Madriz rejeitava como um absurdo: que abismo há entre es-

ses homens de nossas terras e a gente. Que *couche* impenetrável de vulgaridade cobre a alma deles e os impossibilita de sentir tudo o que está além das tristes realizações da B...![39]

O segundo texto no qual quero me deter é um fragmento de outra carta de 1933, na qual Parra fala de seu entusiasmo com certas partes do livro de Hermann von Keyserling, *Das Spektrum Europas* (1928), lido em tradução francesa:

> [F]alando da França, na análise espectral, país que Keyserling julga o único onde o amor não está em bancarrota, fala do amazonismo (etimologicamente, mulheres sem seios; *não* homens) que está sendo preparado para o porvir como reação contra a tirania ancestral do homem, a tirania e a vulgaridade, diríamos nós, pensando nos de nossas terras. Opina, mais ou menos, que as mulheres não amorosas viverão indiferentes ao homem, as amorosas "auront des amies". De onde sairá a submissão dos homens e uma espécie de regime matriarcal.[40]

O fato de que Parra interprete *positivamente* esse amazonismo que Keyserling, com seu moroso pessimismo habitual, apresentava como *negativo*, dá um significado particular a essa passagem. Também é significativo o recurso ao francês — "*auront des amies*" — em uma carta escrita em espanhol. Mais máscara verbal do que afetação de esnobe, esse lesbianismo traduzido comprova ao mesmo tempo a dificuldade de nomear e a necessidade de fazer isso. Por último, quero considerar uma passagem de uma carta que Parra escreveu em 1924 ao homem pelo qual supostamente estava apaixonada, o escritor Gonzalo Zaldumbide:

39   Rosario Hiriart (org.), *Cartas a Lydia Cabrera (Correspondencia inédita de Gabriela Mistral y Teresa de la Parra)*, ed. cit., p.183.
40   Ibid., p.175. A edição de Hiriart traz "amayvorismo" no lugar de "amazonismo", um claro erro na transcrição da carta. Cf. Hermann von Keyserling, *Analyse spectrale de l'Europe* [1928]. Paris: Gonthier, 1965, p.61.

> Sinto o mais profundo desprezo por essa coisa que chamam de amor, que é brutal e selvagem como os touros do domingo, com os pobres cavalos destruídos. Não quero senão ternura, isso que você acha que eu não conheço e no qual sou mestra especialista impossível de se equivocar nem enganar.[41]

A reação ambígua à descrição que Colette faz das lésbicas francesas, a identificação com as muito domésticas *Ladies* de Llangollen, a defesa de um "amor sensual" que não chega inevitavelmente a uma consumação física heterossexual, a utopia de uma sociedade inteiramente feminina na qual as mulheres *"auront des amies"*, a rejeição ao aspecto violentamente físico do amor e sua consequente substituição pela ternura, e por último, e de suma importância para contextualizar essa atitude ideologicamente, o repúdio à heterossexualidade compulsiva *latino-americana*: esses são os elementos integrais da posição de Parra, uma posição que, por um lado (falando de modo geral), poderia ser descrita como *uma resistência a um lesbianismo no qual não se reconhece* e, por outro, e falando em termos especificamente latino-americanos, como um *lesbianismo de resistência*.

Faço essas avaliações cautelosamente, com plena consciência do anacronismo no qual talvez incorro ao aplicar retrospectivamente uma identidade sexual a quem não identificou a si mesma sexualmente, exceto por meio da negação (rejeição sistemática ao casamento, à reprodução, aos homens),[42] por meio do subentendido (*"auront des amies"*) e

---

41   Teresa de la Parra, *Obra*, ed. cit., p.531.

42   Na carta citada a Gonzalo Zaldumbide, datada de agosto de 1924, Parra escreve: "Tenho em geral, como diria María, medo de você e horror aos demais homens, ah se você soubesse me querer com alma de mulher! Me bastaria com a alma e prescindiria do corpo" (in Teresa de la Parra, *Obra*, ed. cit., p.532). Em uma carta a Rafael Carías: "[Q]uando Emilia dizia que se eu tivesse um filho algum dia, tudo, tudo quanto ela tivesse seria para mim incondicionalmente, eu respondia que não pensava em me casar" (in Teresa de la Parra, *Epistolario íntimo*. Caracas: Ediciones de la Línea Aeropostal Venezolana, 1953, p.64). Em uma carta a Lydia Cabrera: "Se eu houvesse buscado a *entente* completa no casamento, Zaldumbide seria hoje sem dúvida, aos olhos de María, Seida e todo mundo, um marido virtuoso e um homem

por meio da analogia familiar imperfeita (*mãe ou irmã, boa amiga*) ou do eufemismo (*independência, solidão, sentir-se mal entre as pessoas*). Mas também sei que não fazer essas avaliações, sejam quais forem seus potenciais defeitos, e não aprofundá-las e desenvolvê-las como ferramentas críticas, seria privar os textos de Parra da leitura completa que merecem e, em termos mais gerais, referendar uma visão da história cultural latino-americana em que a construção das sexualidades não ocupa papel algum.

A relação problemática de Parra com o físico, sua insistência na superioridade da ternura sobre o amor, levariam à primeira vista a vê-la como defensora e partícipe de uma amizade romântica em que o erótico não atinge o explicitamente genital. Isso, de fato, explicaria a atração de Parra pelas *Ladies* de Llangollen, um modelo prestigioso de *compagnonnage* feminino, socialmente acreditado inclusive pelo status de classe e a independência econômica. Entretanto, e tal como assinalou Lillian Faderman, essas amizades românticas que, com graus diversos de autoconsciência sexual, haviam florescido com liberdade no século XIX, já se haviam tornado altamente suspeitas no início do século XX.[43] Patologizadas pelo *establishment* médico, vistas com desconfiança por uma sociedade dominada por homens que via a independência financeira das mulheres com crescente receio, essas relações eram sem dúvida, no momento em que Parra escreve, menos um refúgio para a amizade que uma zona de perigo. O fato de que Parra gravite rumo a um modo obsoleto da relação mulher/mulher, mesmo quando sabe que foi substituído por outro, muito mais complexo, fora da norma, e definitivamente inaceitável para a sociedade, leva-a evidentemente à resistência (sua ambígua, e em última instância negativa reação diante de Colette, sua necessidade de transformá-la em algo *abjeto* para poder dissociar-se dela)

---

modelo. Não haveria os outros comentários. O que me importa que digam 'a pobre Teresa' se eu sei a que devo me ater?" (in Teresa de la Parra, *Obra*, ed. cit., p.191).

43 Lillian Faderman, *Surpassing the Love of Men*, ed. cit., pp.297--340, e "Love Between Women in 1928: Why Progressivism Is Not Always Progress", in Monica Kehoe (org.), *Historical, Literary and Erotic Aspects of Lesbianism*. Nova York: The Hawthorn Press, 1986, pp.23-42.

e a uma desconfiança no que se refere ao físico tão categórica que termina chamando a atenção sobre aquilo mesmo que se quer repudiar. Não nos esqueçamos, acima de tudo, que essa defensora do espírito sobre o corpo,[44] essa que despreza a fixação dos homens latino-americanos pelas "patéticas proezas de suas bundas", é a mesma pessoa que sorri diante dos comentários de Colette sobre os "peitos viris" e que, em uma de suas cartas iniciais a Lydia Cabrera, cuja primeira página foi censurada, em uma passagem engraçada que não posso deixar de citar, recorre ao fetichismo para aliviar a dor da ausência:

> Escrevo-lhe na cama com a janela aberta sobre o terraço e com dor nos olhos que estão com fome. Você não sabe quantas reprimendas tristes eu lhe dirigi nestes dias por ter me deixado sem endereço nem notícias... mas já esqueci. Tenha presente de agora em diante Cabra linda que você não está em Jovellar 45 Vedado Havana (favor não me esquecer) me cantam ainda os ouvidos e os olhos recordando a espera e a longa ausência 1924-1927! Lembre-se pois que você anda pairando, que não sou adivinha e que *se você mudar de hotel e de cidade* sem me avisar *perco sua pista*. Está entendido? Você entendeu bem?
>
> [...] Tem uma costureira fazendo para mim *soutiens-gorge*, copiados de um dos seus. Você não sabe o que conversaram comigo anteontem que Madame Ledemback me trouxe e eu os experimentei. Tão petulantes, tão inúteis, tão engraçados e parecidos com você! Que alma têm na realidade as coisas e quanto podem dizer. Eu ri sozinha o mais que eu pude pois estavam muito engraçados. Você tem a ausência engraçada e é o que diminui a tristeza.[45]

Se, em lugar do diretamente físico e mais explicitamente genital, Parra defende a *ternura* e uma espécie de sensuali-

---

44   Rosario Hiriart (org.), *Cartas a Lydia Cabrera* (*Correspondencia inédita de Gabriela Mistral y Teresa de la Parra*), ed. cit., p.182.
45   Ibid., p.93.

dade jocosa não carente de erotismo, como a da passagem citada, proponho que essa ternura seja considerada não como a sexualidade sem graça tão frequentemente atribuída às lésbicas, mas como modo de criar laços afetivos com outras mulheres e como estratégia de resistência grupal. Porque, quando Parra opõe a ternura ao amor, fica claro que o amor, descrito como tauromaquia brutal, emblematicamente hispânica e masculina, é sinônimo de uma heterossexualidade obrigatória (e para os homens compulsiva); isto é, de um modelo social, *reprodutivo*, imperativo na América Latina e sinônimo de uma modernidade que Parra rejeita. Nesse contexto, a ternura — apresentada como uma cumplicidade entre pessoas do mesmo sexo em oposição ao combate heterossexual — é um meio para reclamar corpos e sexualidades femininos, liberando-os da tirania do modelo imposto pela sociedade e permitindo-lhes funcionar de maneira ativa em seu contrário. O lesbianismo de Parra permite a ela julgar clara e criticamente uma modernidade latino-americana, cuja arregimentação de sexualidades e sensualidades a exclui. Sob essa luz, seu exílio — como o de Lydia Cabrera e Gabriela Mistral — significa muito mais do que a decisão circunstancial de viver no exterior e deveria ser lido como gesto político. O deslocamento geográfico oferece a essas mulheres *diferentes* o que a Venezuela, Cuba e o Chile não podem oferecer nesse momento: isto é, um lugar para ser (sexualmente) diferente, ao mesmo tempo que um lugar para escrever.

Como todo exílio, o de Teresa de la Parra fomenta a utopia, se alimenta dela: daí sem dúvida seu fecundo *misreading* de Keyserling sobre as comunidades femininas, mas também, e sobretudo, sua atração por certos mundos anacrônicos, o mundo bucólico do século XIX que as *Memorias de Mamá Blanca* evocam elegiacamente, ou o claustro colonial, celebrado nas conferências sobre a *"Influencia de las mujeres en la formación del alma americana"* como uma "longa vacância dos homens e o reinado sem crônica nem cronistas das mulheres".[46] O fato de que essa atração seja um gesto conservador, até mesmo reacionário, fortemente marcado pela classe, é in-

46 Teresa de la Parra, *Obra*, ed. cit., p.490.

dubitável. É a celebração do que Parra chama "esses vestígios coloniais junto aos quais me formei [que] estão cheios de encanto em minha lembrança e [...] constituem para mim a mais pura forma da pátria".[47] Também como gesto conservador semelhante, poderiam ser vistos certos aspectos do trabalho etnográfico de Lydia Cabrera sobre a presença negra em Cuba, ou as "caixas" que desenha para seus amigos hispano-americanos na Europa, cheias de detalhes que remetem ao passado de seus destinatários.[48] Sem negar o forte viés ideológico dessas recriações afetivas, sugiro que sejam reinterpretadas ao mesmo tempo no contexto das sexualidades divergentes de quem as propõe. Não só gesto passadista, o recurso à utopia colonial deve ser lido, nessas escritoras, *também* como gesto de resistência. A pré-modernidade programática que defendem a partir do exílio — por meio desses "outros" diferentes que os projetos estatais hispano-americanos descartam para as margens, os negros de Parra e Cabrera, os camponeses, os índios de Gabriela Mistral — inscreve-se *contra* uma modernidade cuja taxonomia de gênero e sexual não as inclui. Ser goda, ser pró-colônia, não é só uma postura aristocratizante: é rejeitar o paradigmático casal heterossexual do projeto liberal, postulando, em vez disso, uma comunidade pré-capitalista baseada em afetos femininos. Recorda, em parte, o projeto de Martí, aquela livre associação de homens *naturais* que constituíam a pátria. Como naquele caso, a comunidade feminina se constitui *simpaticamente*, por meio dessa *adesividade* que Martí celebrava em Whitman. E também como em Martí, em que se confundiam filhos, pais e irmãos, aqui desaparecem os papéis hierárquicos: "Esta criatura admirá-

---

47   Ibid., p.491.
48   Teresa de la Parra escreve em uma carta a Lidia Cabrera: "Penso que quando tiver 'minha caixa' vou declarar-me em minha pátria: sinto pátria tudo o que você vai pintar na caixa, realidade idealista sintetizada. Tula, nosso preto velho, as martinicanas, os cocos de Juan Díaz e o trapiche de Tazón. Pensei hoje que sou inimiga dessa independência que fez nacionalidades onde antes as pessoas viviam ingenuamente, sem ter tomado consciência de si mesmas nessa forma tão antipática que é a nação e seu derivado, o nacionalismo" [in Rosario Hiriart (org.), *Cartas a Lydia Cabrera (Correspondencia inédita de Gabriela Mistral y Teresa de la Parra)*, ed. cit., p.194].

vel que minha devoção não sabe se chama de mãe ou irmã",[49] escreve Lydia Cabrera a propósito de Parra.

No que as duas comunidades, a de Martí e a de Parra, diferem é que a primeira é projeto político nacional que Martí apresenta, com sua habitual energia visionária, como realizável. A comunidade que Parra e Cabrera propõem, por outro lado, é menos projeto que *alternativa* ou *retiro*, para voltar ao mundo colonial que Parra evoca em suas conferências. Sem opor-se totalmente à comunidade masculina sonhada por Martí, desvia-se decididamente dela para afirmar sua independência. Parra anota em uma carta a Lydia Cabrera, depois de uma discussão particularmente desagradável com um protótipico burguês hispano-americano, por questões de ética sexual: "Me transportou de alegria pensar que não tenho que viver junto a ele. Você não sabe" — acrescenta — "como bendigo Emilia e bendigo você por toda a independência que tenho hoje em dia e seja (Deus queira) até o final de minha vida".[50]

Restituir as apagadas vidas *independentes* de Parra, de Cabrera, de Mistral é restituir a livre escolha que seus sujeitos fizeram da maneira como viveriam. A mais mínima honestidade crítica exige essa restituição; a simpatia, em meu caso, fez o resto.

---

49 Ibid., p.10.
50 Ibid., p.169.

IV

TRADUZIR BORGES

Da última vez que vi Borges, eu disse a ele que havia traduzido "La encrucijada de Berkeley" com o título "Berkeley's Quandary". Ele gostou. Gostou muito. Disse-me, com sua natural gentileza, que soava melhor em inglês do que em espanhol. Também me disse o quanto gostava de certas palavras inglesas (palavras realmente inglesas, dizia, não derivadas do latim), palavras que começavam com *qu*: *quill*, *queasy*, *quake*, *qualm*, *quagmire* (desta gostava especialmente). Enquanto ouvia como ele as dizia, mais exatamente entoava, como quem declama, tive a impressão de que todas — *pluma*, *desasosegado*, *temblor*, *duda*, *atolladero* — de algum modo aludiam à sua obra. Ou talvez fosse uma ilusão, didática à sua maneira, como as que Borges propunha frequentemente: estava criando uma sequência reconfortante, uma superfície de palavras enganosamente segura, consoladora, para depois quebrar o encanto, bruscamente, e nos fazer tomar consciência da insegurança básica do exercício. Porque a literatura, para Borges, não era segura; o único consolo (se é que cabe essa palavra) que podia proporcionar residia precisamente no fato de que era, potencialmente, desoladora.

Talvez essa tenha sido também a vez em que me pediram para acompanhar Borges até sua casa, depois de ter almoçado com amigos. Enquanto estávamos subindo de elevador, murmurava "Molloy, Molloy" e depois, com certa irritação: "Tenho sangue inglês, escocês, e acho que galês, mas não tenho nenhuma gota de sangue irlandês". E então, ao chegar ao andar de sua casa, onde a empregada o esperava, despedindo-se com uma pequena reverência: "Quando nos virmos da próxima vez, procurarei tê-la". E talvez tenha sido também a vez em que, durante um almoço na casa dos mesmos amigos, Borges começou a debochar de um conhecido crítico cuja história da literatura hispano-americana se destaca por suas rebuscadas e nem sempre acertadas metáforas. Cheio de entusiasmo, Borges citava de memória: "Em 1925, Norah Lange mergulha com ímpeto em *La calle de la tarde* e cinco anos depois, por outra *Calle apartada*, se precipita intrépida María de Villarino" etc. etc. Mais uma vez me maravilhou a memória de Borges, sua capacidade para armazenar feiuras, ao mesmo tempo que acertos. Voltei para casa e, cedendo à curiosidade, fiz o que, como leitora de Borges, não deveria ter feito: procurei a fonte. E evidentemente procurei em vão, já que não encontrei a frase em nenhum lugar do volume. A mímica de Borges, o paródico efeito de citação, haviam sido perfeitos. Encontrei, porém, a seguinte frase: "María de Villarino se enfiou por uma *Calle apartada* (versos de 1930), e foi sair em um *Pueblo de niebla* (contos de 1943)".[1] A frase empalidecia ao lado do "original" de Borges, parecia uma imitação ruim.

Essa, entretanto, não foi a vez em que levei Borges e sua primeira mulher, a pedido dele, para ver as cataratas do Niágara. Borges havia sido convidado para fazer conferências na Universidade de Buffalo, onde eu lecionava. Havia deslumbrado seu público e impacientado não pouco John Barth, o romancista estadunidense que o havia convidado, perguntando a ele, depois da elogiosíssima apresentação que Barth havia feito, o que ele fazia. "Escrevo um pouco de ficção, *a little fiction*", respondeu o autor de *Gilles Goat-Boy*, visivelmente desconcertado. "Que bom", Borges respondeu satisfeito. "Eu também escrevo um pouco de ficção." No dia seguinte, ele estava livre e fomos às cataratas. Como Borges não podia vê-las, parei o carro em um ponto do caminho onde era possível ouvi-las com imensa nitidez. Borges inclinou a cabeça, escutando. Depois, novamente no carro, chamou José María Heredia de entulho. "Quando se escreve um poema ao Niágara, o adjetivo *poderoso* é redundante; basta dizer *Niágara*, não é?". Depois de ver — ou melhor, ouvir — as cataratas, fomos fazer compras. A primeira mulher de Borges gostava de lojas e nos

---

[1]   Enrique Anderson Imbert, *Historia de la literatura hispanoamericana*, t. 2. México: Fondo de Cultura Económica, 1974, p.222.

enfiou à força em uma desorganizada filial *Woolworth*, precipitando-se para o fundo da loja e deixando Borges e eu na entrada, que era a seção de roupa íntima feminina. Eu disse a mim mesma que era a única pessoa *no mundo* que sabia que Borges e eu estávamos de pé junto a uma mesa cheia de calcinhas e sutiãs. Não me lembro como acabamos falando sobre romances históricos. Perguntei a Borges por que achava *La gloria de don Ramiro* tão ruim. Ele me respondeu que a pior falha de Larreta era haver tentado descrever a natureza, um anacronismo fatal. "A natureza não existia na época de Felipe II", ele disse, "é como se tivesse posto telefones no romance". Recordo ter pensado que pôr telefones em um romance histórico não era menos insólito que conversar sobre verossimilhança narrativa junto a uma gaveta cheia de calcinhas.

* * *

Recordo esses encontros como outras tantas lições porque costumo pensar em Borges como mestre, papel que por certo não desagradou a ele cumprir, sempre que se atribuíssem características particulares, talvez subversivas, à função pedagógica. Foi mestre de desassossego, de marginalidade, de obliquidades, de *deslocamentos*, cuja lucidez permitiu a ele (e aos que souberam entendê-lo) ver não coisas novas, mas coisas velhas com olhar novo. Não contava histórias inovadoras; como aqueles *confabulatores nocturni* — "homens da noite que narram histórias, homens cuja profissão é contar histórias durante a noite"[2] —, herdava relatos, *voltava a contar*. Seu texto, por excelência lugar de trânsito e de *tradução*, propõe uma constante conversão de relatos passados. Recorde-se a dedicatória das *Obras completas*, na qual agradece o legado materno, "sua memória e nela a memória dos antepassados",[3] como arsenal de relatos. Não em vão, suas ficções (e evidentemente seus ensaios) costumam privilegiar as si-

2 Jorge Luis Borges, *Siete noches*, 3ª ed. México: Fondo de Cultura Económica, 1982, p.65 [*Borges oral & Sete noites*, trad. Heloisa Jahn. São Paulo: Companhia das Letras, 2011, pp.130-131].
3 Id., *Obras completas*. Buenos Aires: Emecé, 1974, p.9. Abreviarei: *OC*.

tuações de relevância narrativa. "Homem da esquina rosada" põe em destaque, de modo emblemático, esse momento de entrega: não termina quando consegue a façanha, mas sim, mais relevantemente, quando se identifica um receptor ao qual o conto é transmitido — "Então, Borges, tornei a puxar a faca curta e afiada"[4] — para que, por sua vez, o transmita (não sem alterá-lo, não sem desviá-lo, não sem traduzi-lo) a outro. Recorde-se como Borges descreve *História universal da infâmia*: é "a irresponsável brincadeira de um tímido que não teve coragem de escrever contos e que se distraiu falsificando e deturpando (sem justificativa estética uma vez ou outra) histórias alheias".[5] Pense em "A forma da espada", "História do guerreiro e da cativa", "O imortal", "A outra morte",[6] todos relatos herdados, ou em tantos começos de textos que reproduzem esta cena relevante da narração: "Em Junín ou Tapalquén relatam a história", "Em Pringles, o doutor Isidro Lozano me contou a história", "Um vizinho de Morón me contou o caso".[7] O texto borgeano *refere*,* no duplo sentido do termo: referir/expressar em palavras, mas também referir/dirigir em um determinado sentido, remeter a outras representações, já escritas mas sempre por escrever.

Não surpreende que nas ficções de Borges abundem as sociedades secretas, as seitas, os congressos, que seu último livro se intitule *Os conjurados*. Sua obra congrega os membros de uma confraria não menos estranha ou precária que

---

4   "Hombre de la esquina rosada", *OC*, p.334 ["Homem da esquina rosada", in *História universal da infâmia*, trad. Davi Arrigucci Jr. São Paulo: Companhia das Letras, 2012, p.77].

5   *Historia universal de la infamia*, *OC*, p.291 [*História universal da infâmia*, ed. cit.].

6   "La forma de la espada" ["A forma da espada", in *Ficções*, trad. Davi Arrigucci Jr. São Paulo: Companhia das Letras, 2012, p.109]; "Historia del guerrero y de la cautiva", "El inmortal", "La otra muerte" ["História do guerreiro e da cativa", "O imortal", "A outra morte", in *O Aleph*, trad. Davi Arrigucci Jr. São Paulo: Companhia das Letras, 2008, pp.43, 7, 64].

7   *OC*, pp.778, 1126, 1127, respectivamente ["O cativo", "A promessa" e "O estupor", in *O fazedor*, trad. Josely Vianna Baptista. São Paulo: Companhia das Letras, 2008, p.2, e *Poesia*, trad. Josely Vianna Baptista. São Paulo: Companhia das Letras, 2009, pp.136, 138].

*   Na edição brasileira da obra de Borges, o verbo "referir" não foi usado na tradução, substituído por "relatar" e "contar". [N.T.]

a de suas ficções, a confraria dos "obscuros amigos"[8] dedicados ao tráfico de textos. Borges pratica a citação em seu duplo sentido, ao mesmo tempo referência e encontro. Se esses encontros são no início deliberadamente carnavalescos, oximorônicos (pense, por exemplo, em Milton e Schopenhauer dispostos com, ou contra, Max Nordau, Pedro Leandro Ipuche e Lucrécio), prefiguram encontros posteriores que alcançam a eficácia que a imagem ultraísta nunca teve totalmente: a aproximação poética e emocionalmente eficaz de duas realidades distantes cujas secretas afinidades o poeta intui certeiramente. Kafka e Browning (mais afins que Kafka e o primeiro Kafka); Giordano Bruno e Pascal, unidos pela "diferente entonação"[9] de uma mesma metáfora. *Bricoleur* de textos, provocador de citações, Borges nos recorda o último escrito de Ben Jonson: "Invadia autores como um rei e [...] exaltou seu credo até o ponto de compor um livro de caráter discursivo e autobiográfico, feito de traduções, em que declarou, por frases alheias, o substancial de seu pensar".[10]

* * *

Há treze anos, quando Borges morreu, escrevi que a sensação que me dominava, enquanto ainda tinha presente a imagem do homem, era a de uma voz que se perdia. A voz é a primeira coisa que se desvanece nesse implacável exercício que ele chama "a educação do esquecimento",[11] outro nome, talvez, para o continuar vivendo. Não há recordação da voz, somente nostalgia, como bem sabia Borges ao evocar, em "A chuva", "a voz, a voz ansiada,/ de meu pai que retorna e não está morto".[12] Como eu recordo Borges hoje, como atendo a essa voz desapa-

8   *OC*, p.871 ["A um poeta menor da antologia", in *O outro, o mesmo*, trad. Heloisa Jahn. São Paulo: Companhia das Letras, 2009, p.41].
9   *OC*, p.638 ["A esfera de Pascal", in *Nova antologia pessoal*, trad. Davi Arrigucci Jr., Heloisa Jahn e Josely Vianna Baptista. São Paulo: Companhia das Letras, 1996, p.197].
10   Jorge Luis Borges, *El tamaño de mi esperanza*. Buenos Aires: Proa, 1926, p.74.
11   *OC*, p.218 ["A postulação da realidade", in *Discussão*, trad. Josely Vianna Baptista. São Paulo: Companhia das Letras, 1996, p.74].
12   "La lluvia", *OC*, p.821 ["A chuva", in *O fazedor*, ed. cit., p.93].

recida para poder, de algum modo, assumir a relevância de seu texto, traduzi-lo?

Há alguns meses, a romancista Mavis Gallant resenhou a nova tradução inglesa da ficção de Borges.[13] Parecia desconcertada, sem saber como avaliar seu legado, sua marca, digamos, na ficção do final do século xx. Havia algo incômodo na resenha, como uma leve irritação. Gallant não podia não admirar Borges; ao mesmo tempo, parecia não poder desviar de uma apreciação preestabelecida. A resenha era inevitável e se ressentia disso. Intitulava-se "The Magician", "O Mago": do mesmo modo, poderia haver-se chamado "Esquecer Borges" ou (o que talvez estas páginas se perguntem) "Por que é tão difícil falar de Borges?". Uma pérfida frase da resenha inevitavelmente chamou minha atenção: "Já sabemos que não se pode ver Veneza pela primeira vez mais do que uma única vez". A pergunta deveria ser feita de outro modo: houve, algum dia, uma "primeira vez" em que experimentamos o texto de Borges?

Não tentarei responder à pergunta além da resposta óbvia. Sim, como quanto a Veneza, houve uma primeira vez e não (também como com Veneza) não houve nunca uma primeira vez porque Borges, como Veneza (ou como Kafka, ou como Paris, ou como qualquer *locus* de cultura), esteve desde sempre, sempre já lido, disseminado em peças heterogêneas em direção ao passado como em direção ao futuro. "O fato é que cada escritor *cria* seus precursores."[14] Recordar-se-á o magnífico início do ensaio: "A princípio, considerei-o tão singular quanto a fênix dos elogios retóricos; depois de alguma intimidade, pensei reconhecer sua voz, ou seus hábitos, em textos de diversas literaturas e de diversas épocas".[15] Do mesmo modo, Borges já está, desde sempre, contaminando os textos que o precedem, antecipando essa "primeira vez" em que o lemos.

Mas o que me pareceu surpreendente na resenha de Gallant foi a maneira como recordava os próprios relatos, como

---

13 Mavis Gallant, "The Magician". *The New York Times Book Review*, 13 set. 1998, p.8.

14 *OC*, p.712 ["Kafka e seus precursores", in *Outras inquisições*, trad. Davi Arrigucci Jr. São Paulo: Companhia das Letras, 1996, p.130].

15 *OC*, p.710 ["Kafka e seus precursores", ed. cit., p.127].

construções visuais que foram estampadas, de uma vez por todas, na memória: "como se fossem filmes", escreve. "A partir dos primeiros parágrafos, projetam uma imagem sobretudo silenciosa, imutável. São como filmes velhos e preciosos que o conservador de um museu cinematográfico protegeu do pó e dos arranhões. Tudo ali acontece e voltará a acontecer do mesmo modo, repetidamente." Inevitavelmente se pensa em *A invenção de Morel*, de Bioy Casares, em que por certo se projeta incessantemente um filme, vetando a entrada ao protagonista, que procura inserir-se nele. Perspectiva deprimente, por certo, que recorda a visão desencantada que o próprio Borges tem do destino (se não da ficção): "Nosso destino (à diferença do inferno de Swedenborg e do inferno da mitologia tibetana) não é terrível por ser irreal; é terrível por ser irreversível e de ferro".[16] É como se, para Mavis Gallant, não houvesse brechas no texto de Borges, nenhuma lacuna que perturbe seu enganoso e suave fluir, nenhum interstício como aqueles que desassossegavam Foucault, nenhum espaço em branco a partir do qual desafiar o texto a fim de reescrevê-lo. É como se não restassem maneiras de ler Borges *desviadamente*, de traduzi-lo. No fim das contas, até o personagem de Bioy consegue inserir-se no velho filme e assim recompô-lo para que seja visto de outra maneira, para que conte outra história. Por que o leitor de Borges não pode fazer o mesmo hoje? Para o bem ou para o mal, Borges transformou-se em um clássico, alguém a quem, como ele mesmo observa, se lê "como se em suas páginas tudo fosse deliberado, fatal, profundo como o cosmos".[17] Mas a frase de Borges não termina aí: "profundo como o cosmos *e capaz de interpretações sem fim*" (grifo nosso). Essas interpretações sem fim é que é preciso convocar. Os acontecimentos do filme sem dúvida "voltarão a ocorrer do mesmo modo, repetidamente": entretanto narram (temos que fazer que narrem), repetidamente, histórias diferentes.

Se os relatos de Borges pareceriam (momentaneamente) estar saturados por leituras repetitivas, se parecem (mo-

16   *OC*, p.771 ["Nova refutação do tempo", in *Outras inquisições*, ed. cit., p.218].

17   *OC*, p.773 ["Sobre os clássicos", in *Outras inquisições*, ed. cit., pp.220-221].

mentaneamente) condenados a uma espécie de museu textual, isso se deve a um "efeito Borges", oclusivo, que impede uma leitura ativa. Todo texto passa por períodos de inércia, períodos em que se vê privado de uma interlocução fecunda com outros textos, períodos em que se vê substituído por seus estereótipos: períodos, quero pensar, em que esse texto dissimuladamente reúne nova força. Como com Kafka ou Veneza, não parece necessária a leitura, a visita: *já sabemos como são*. E no caso de Borges também sabemos (embora não saibamos colocá-lo totalmente em prática) qual é o tipo de leitura a que se deve recorrer para libertar o texto de sua irritante prisão. O próprio Borges nos indica: "O conceito de *texto definitivo* não corresponde senão à religião ou ao cansaço",[18] ele escreve, mostrando-nos o caminho a seguir com suas próprias, irreverentes leituras. Como fazer, então? Não é desnecessário recordar o saudável exemplo de Pierre Menard. Se hoje, para muitos, o texto de Borges é "inevitável", como Edgar Allan Poe o era para o poeta de Nîmes, é necessário que aprendamos a vê-lo, ao contrário, como Menard via Cervantes, ou seja, como um escritor "contingente", "desnecessário".[19] Cabe-nos o maior desafio: deslocar Borges, nos distrairmos dele, inventar sua desleitura.

Não tenho receitas, estratégias nem planos de ação a propor. Há uma frase no início da *Autobiografia de Alice B. Toklas* que me parece particularmente apropriada para o caso: "Gosto de uma paisagem, mas gosto de sentar de costas para ela".[20] Embora eu não dê as costas para Borges totalmente, escolho me distrair dele; distrair-me, por exemplo, da maneira como o li em *Las letras de Borges*, livro em que me reconheço, embora talvez não o escrevesse hoje. Hoje, quando leio Borges, prefiro fazê-lo como se o lesse a partir de outro lugar, de outro idioma. Hoje o leio salteadamente, e sim, caprichosamente, como na contracorrente, prestando

18 *OC*, p.239 ["As versões homéricas", in *Discussão*, ed. cit., p.104].
·19 *OC*, p.448 ["Pierre Menard, autor do Quixote", in *Ficções*, ed. cit., p.40].
20 Gertrude Stein, *The Autobiography of Alice B. Toklas*. Harmondsworth: Penguin Books, 1966, p.7 [*A autobiografia de Alice B. Toklas*, trad. José Rubens Siqueira. São Paulo: Cosac Naify, 2009, p.9].

atenção no detalhe, no resíduo, na contingência, nos pedacinhos que deixei de lado em leituras anteriores porque de algum modo não me convinham, ou não incidiam de maneira duradoura em minha imaginação. Hoje, porém, detenho-me nesses resíduos, reflito sobre sua natureza radicalmente estranha (essa é uma lição que aprendi com Borges), imagino possíveis narrativas baseadas nesses resíduos, estruturo-as de forma solta, provisória, como aqueles objetos de "Tlön" "convocados e dissolvidos num só momento, segundo as necessidades poéticas".[21]

Hoje penso, por exemplo, em um dos ensaios clássicos de Borges, "A postulação da realidade", no qual, em meio a uma reflexão (mais ou menos) sistemática sobre a verossimilhança narrativa e a atenção diversa do leitor, ele introduz a seguinte e aparentemente desconectada disquisição sobre o corpo, seu próprio corpo e o do leitor que lê seu texto, antes de proceder com seu argumento crítico:

> Vemos e ouvimos por meio de lembranças, de temores, de previsões. No corporal, a inconsciência é necessidade dos atos físicos. Nosso corpo sabe articular esse difícil parágrafo, sabe lidar com escadas, com nós, com passagens de nível, com cidades, com rios correntosos, com cães, sabe atravessar uma rua sem que o trânsito nos aniquile, sabe engendrar, sabe respirar, sabe dormir, sabe, talvez, matar: nosso corpo, não nossa inteligência.[22]

E me pergunto o que está fazendo neste ensaio borgeano essa reflexão sobre o corpo, tão densa em sua própria materialidade que detém o fluxo do argumento crítico a ponto de obstruí-lo. Ou penso em "Emma Zunz", conto que às vezes se deixa de lado devido a certos traços "atípicos", sendo o principal deles o fato de ter como protagonista uma mulher. Não é esse, entretanto, o traço que me interessa, mas sim ou-

---

21 *OC*, p.435 ["Tlön, uqbar, orbis tertius", in *Ficções*, ed. cit., pp.20-21].

22 *OC*, p.218 ["A postulação da realidade", in *Discussão*, ed. cit., pp.73-74].

tro, aparentemente insignificante, um parêntese que, para mim, dispersa essa narrativa vistosamente artificial de maneira imprevista. Recorde-se que "Emma Zunz" é a história de uma jovem que, para vingar o suicídio do pai, falsamente acusado de fraude, arma uma história na qual se faz violar por um homem e depois se vinga matando outro, o homem culpado pela morte de seu pai. Ao descrever a "violação" em um hotel barato, o narrador intervém de forma insolitamente peremptória:

> Naquele tempo fora do tempo, naquela desordem perplexa de sensações desconexas e atrozes, terá pensado Emma Zunz *uma única vez* no morto que motivara aquele sacrifício? Tenho para mim que pensou uma vez e que naquele momento seu desesperado propósito correu perigo. Pensou (não pôde não pensar) que seu pai fizera com sua mãe a coisa horrível que agora lhe faziam.[23]

Essas duas frases — "tenho para mim" e o autoritário "não pôde não pensar" — sempre me detiveram durante minha leitura e eu nunca soube muito bem o que fazer com elas. A projeção incrivelmente violenta de um resto familiar sexualizado em uma cena que já *de per si* é violenta e a forte presença de um eu *voyeur* nessa cena perturbam de modo significativo essa ficção maravilhosamente controlada, traumatizam-na, a ponto de que — se nos detivermos demais nesse misterioso parêntese — nossa leitura habitual de "Emma Zunz" soçobra, o relato se abre em novas direções. De quem Emma Zunz está se vingando e a quem, no fim das contas, castiga?

Ou seja, me interessa deter-me em relatos breves, quase iluminações, como os textos de *O fazedor*, por exemplo em "O cativo", em que Borges relata a história de um menino, raptado por um *malón*, cujos pais o reencontram já adulto, depois de muitos anos, e o levam de volta para casa. Leio o final do relato:

---

23   *OC*, p.566 ["Emma Zunz", in *O Aleph*, ed. cit., p.56].

Olhou para a porta, como se não a entendesse. De repente, abaixou a cabeça, gritou, atravessou correndo o vestíbulo e os dois longos pátios e entrou pela cozinha adentro. Sem vacilar, enfiou o braço na enegrecida chaminé e apanhou a faquinha com cabo de chifre que escondera ali quando menino. Seus olhos brilharam de alegria e os pais choraram porque tinham encontrado o filho.

Talvez a essa lembrança tenham se seguido outras, mas o índio não podia viver entre paredes e um dia foi em busca de seu deserto. Gostaria de saber o que sentiu naquele instante de vertigem em que o passado e o presente se confundiram; gostaria de saber se o filho perdido renasceu e morreu naquele êxtase ou se conseguiu reconhecer, ao menos como uma criança ou um cão, os pais e a casa.[24]

O texto retoma âmbitos e temas caros a Borges, dá uma nova volta do parafuso ao binômio civilização e barbárie. Mas o que me interessa aqui sobretudo, outra vez, é a intromissão de um eu, o "gostaria de saber". Misteriosamente satisfatória, a frase busca em vão compreender uma história que debocha dos laços de família, parodiando o retorno do pródigo: trata-se, em suma, de outro romance familiar que, como o de Emma Zunz, malogrou e cuja ruína testemunha a pergunta para sempre sem resposta do narrador.

Ou, por fim, penso em algumas das passagens de um dos últimos livros de Borges, *Atlas*, que até há poucos meses eu nunca havia lido inteiro. Curioso livro de viagens, ou álbum de recordações, em que se entremisturam textos de Borges e fotografias de María Kodama mais ou menos relacionados com os lugares que eles percorreram, nele me surpreendem (me surpreendem e perturbam) certas passagens, insólitas em um livro de viagens, que resumem sonhos e têm algo de brutal e de monstruoso, como por exemplo a passagem sob o título "Atenas". E penso: qual teria sido o complexo resto diurno desse sonho em que o pai de Borges aparece como

---

24   *OC*, p.788 ["O cativo", in *O fazedor*, ed. cit., pp.20-21].

um impostor, mutilado, que ao jogar xadrez com o filho vai progressivamente obliterando-o: "Eu movia uma peça; meu antagonista não movia nenhuma, mas praticava um ato de magia que apagava uma das minhas".[25] E me digo onde senão em Atenas cabe ter um sonho assim. E me digo também que em Borges o pai é sem dúvida bastante mais do que aquela "voz desejada" de que o filho piedosamente tinha saudade em "A chuva"; e me prometo algum dia seguir essa deriva.

Recolho esses momentos em Borges por sua natureza desconcertante, às vezes por sua inexplicável beleza. São como momentos de sombra que aludem a (mas nunca explicitam) restos autobiográficos, distantes cenas primais, rastros de família, sobras de corpo, de violência, de sexualidade, como fragmentos de uma autobiografia oblíqua que não são nunca incorporados totalmente à ficção ou ao ensaio, mas que permanecem, misteriosamente, *ali*, autorreferências, que desafiam a interpretação, mas permitem a conjectura, convidam ao relato.

Em "A testemunha", outro texto memorável de *O fazedor*, Borges imagina a morte do último saxão que tivera recordação da época anterior à conquista romana e conclui se perguntando: "O que morrerá comigo quando eu morrer, que forma patética ou perecível o mundo perderá? A voz de Macedonio Fernández, a imagem de um cavalo colorado no baldio de Serrano e de Charcas, uma barra de enxofre na gaveta de uma escrivaninha de mogno?".[26]

A esse bricabraque mnemônico, coleção heterogênea que perde sentido quando seu proprietário desapareceu, abrindo-se a outros, múltiplos significados, gostaria de acrescentar os pedacinhos de texto que venho citando. Mortos para Borges (mortos como Borges), esses fragmentos permanecem disponíveis para nossas leituras, para nossas fabulações que continuam (que traduzem) as suas.

---

25 Jorge Luis Borges, *Atlas*. Buenos Aires: Sudamericana, 1984, p.37 [*Atlas*, trad. Heloisa Jahn. São Paulo: Companhia das Letras, 2010, p.47].

26 *OC*, p.796 ["A testemunha", in *O fazedor*, ed. cit., p.36].

*   *   *

Há alguns meses, quando estava preparando a segunda edição de *Las letras de Borges*, perguntando-me, como disse, o que poderia acrescentar à minha leitura, o que deveria alterar, como podia fazer de meu texto *outra* leitura de Borges, eu me pus a revisar fichas, velhas anotações, com a vaga esperança de pôr ordem em meu arquivo borgeano. Encontrei recortes do suplemento literário de *La Nación* com textos de Borges, sobretudo poemas ou resenhas de seus livros publicados entre 1967, ano em que fui embora da Argentina, e 1972. Então me lembrei que meu pai, cada vez que se publicava algo de ou sobre Borges, costumava mandar-me os recortes, sem comentário ou explicação. Esse pequeno ritual sem palavras nos unia, talvez reforçasse um contato entre minha família e eu que apenas a correspondência não podia manter totalmente. Depois da repentina morte de meu pai, minha mãe havia continuado, durante algum tempo, com esse costume. Ao revisar esse pobre conjunto de papeizinhos amarelados, reconheci em um a letra de minha mãe. Datado em 1972 (talvez fosse o último que me mandou), era o poema intitulado "O perdido". Minha mãe havia anotado junto ao título "Gostei muito". Custa-me descrever o que senti ao descobrir essa anotação, talvez algo parecido com a vertigem do cativo que recupera seu punhalzinho, uma sensação de comunicação estreita e ao mesmo tempo de oportunidade desperdiçada. Eu não sabia, acho que eu nunca soube, que minha mãe gostava desse poema. E agora me era impossível saber por que ela havia gostado, precisamente nesses anos de trauma pessoal, quando havia tanta perda em sua própria vida. Talvez ela tenha gostado por essa razão mesmo, gostado o suficiente para me dizer; e eu, ou não havia reparado na mensagem ou não havia me dado ao trabalho de perguntar por quê. Como os fragmentos e os pedacinhos de texto que me detêm quando leio Borges hoje, esse incidente não me abandona: não posso domesticá-lo, não posso esquecê-lo. Em compensação, posso deslocá-lo, armar uma narrativa ao seu redor, transformá-lo em relato. Talvez algum dia eu faça isso. Será mais uma maneira de traduzir Borges.

JORGE LUIS BORGES, CONFABULADOR

> *E o morto, o incrível?*
> JORGE LUIS BORGES
> "A noite em que no Sul o velaram"

Evocá-lo, mal havendo desaparecido, é um exercício improvável. Restam-nos dele fragmentos: leituras, palavras que disse ou escreveu alguma vez, rastros que o tempo se encarregará de agrupar, caprichosamente, para nos devolver tal como uma vez pensamos (ou inventamos) que era. De todos os escritores hispano-americanos, talvez fosse o mais imponente, por sua obra sem dúvida, mas também por essa cegueira que o mantinha à parte, distanciado de sua circunstância e disponível para o mito: "monumental como o bronze, mais antigo que o Egito, anterior às profecias e às pirâmides".[1] Imponente, também, porque era possível senti-lo tremendamente próximo: atual.

Sua obra inteira se inscreve às avessas, ou melhor dizendo, *no* avesso de convenções já existentes, já imaginadas. Praticou a subversão literária e abalou certezas com uma segurança que prescindia da ênfase e do desperdício: sua palavra — talvez a que mais marcou o curso de nossas letras nos últimos tempos — tinha essa qualidade que o inglês descreve tão bem e o espanhol ignora tanto em seu léxico como em sua prática: era *understated*. Por isso, quanto mais persuasiva, mais insinuante, mais perversa, finalmente, em sua maneira de afetar-nos. Não praticava uma estética de clausura — "O conceito de *texto definitivo* não corresponde senão à religião ou ao cansaço"[2] —, mas

---

1   Jorge Luis Borges, *Ficciones*, 4ª ed. Buenos Aires: Emecé, 1963, p.127. Abreviarei: *F.* ["Funes, o memorioso", in *Ficções*, trad. Davi Arrigucci Jr. São Paulo: Companhia das Letras, 2012, p.108].
2   Id., *Discusión*, 3ª ed. Buenos Aires: Emecé, 1964, p.106. Abre-

sim de ruptura: seu uso da inquisição, do paradoxo, do anacronismo força, estreita, a enganosa superfície do hábito. Dos muitos fragmentos de Borges que durante anos repeti para mim mesma, como um talismã, talvez seja este o que reaparece, misteriosamente, com maior frequência: "a realidade cedeu em mais de um ponto. A verdade é que almejava ceder".[3] Borges, perturbador de uma realidade que esperava ser perturbada com um gesto mínimo, modesto e total.

> A uns trezentos ou quatrocentos metros da Pirâmide me inclinei, peguei um punhado de areia, deixei-o cair silenciosamente um pouco mais adiante e disse em voz baixa: Estou modificando o Saara. O ato era insignificante, mas as palavras nada engenhosas eram justas e pensei que fora necessária toda a minha vida para que eu pudesse pronunciá-las. A memória daquele momento é uma das mais significativas de minha estadia no Egito.[4]

Desde o início, a obra de Borges inscreveu-se nesse lugar imprevisível ao que mal se alude com palavras como *revés*, *orilla*, *margen*. O flamejante ultraísta quase não o foi: sua primeira poesia foi inovadora precisamente porque não inovou como seus companheiros o faziam. Quando Borges regressa a Buenos Aires, já havia cumprido sua etapa ultraísta. Dela conserva rastros — algum amaneiramento, alguma nova pouco feliz, a insolência —, mas sua novidade, sua verdadeira novidade, foi olhar o passado e não, como os outros vanguardistas, ávidos de eletricidade, de máquinas e de choque, o futuro. Recordar e ler (mais do que inven-

---

viarei: *D* ["As versões homéricas", in *Discussão*, trad. Josely Vianna Baptista. São Paulo: Companhia das Letras, 1996, p.104].

3   *F*, p.33 ["Tlön, uqbar, orbis tertius", in *Ficções*, ed. cit., p.32].

4   Jorge Luis Borges e María Kodama, *Atlas*. Buenos Aires: Sudamericana, 1984, p.82 [*Atlas*, trad. Heloisa Jahn. São Paulo: Companhia das Letras, 2010, p.117].

tar e escrever) foram seus primeiros gestos: recordar uma Buenos Aires desaparecida que seus ancestrais haviam contado a ele — os escritores do século XIX, Carriego, sua mãe — e com esse relato fragmentário, esparramado pela memória como pelas margens da cidade, armar uma Buenos Aires anacrônica, "tão real quanto um verso esquecido e resgatado",[5] para substituir a outra, que se olha e não se reconhece. Desde o início, Borges soube e fez o leitor saber que estava "em literatura": que a escrita não é recuperadora de realidades, mas sim de relatos. Ler é convocar um "objeto verbal", sempre o mesmo, sempre diferente; ler é recordar, mas nunca, como Funes, com fidelidade opressiva; ler — ou seja, escrever — é recordar salteando, desviando, transformando "lembranças de lembranças de outras lembranças cujos mínimos desvios iniciais terão crescido obscuramente".[6]

A repetição da memória e o desvio da escrita marcam toda a obra de Borges, fundamentam sua tênue autoridade. Borges, o texto Borges, é por excelência um lugar de trânsito, uma conversa e uma conversão de relatos. Ao relato familiar, uma espécie de romance de origens, subjacente na primeira poesia, se seguiram outros relatos, pré-textos da obra borgeana. Não em vão suas ficções (e evidentemente seus ensaios) costumam privilegiar as situações de relevância narrativa. "Homem da esquina rosada" — um possível começo de sua ficção — significativamente põe em evidência, de modo emblemático, a entrega do relato: narração descontínua, conclui-se não só quando ocorre a façanha e sim, mais destacadamente, quando encontra (identifica) seu receptor. "Então, Borges, tornei a puxar a faca curta e afiada".[7] Os narradores borgeanos, como aque-

---

5   Jorge Luis Borges, *Obra poética*. Madri: Alianza Editorial, 1972, p.18. Abreviarei: *OP*2 ["Rua desconhecida", in *Primeira poesia*, trad. Josely Vianna Baptista. São Paulo: Companhia das Letras, 2007, p.25].

6   Id., *Evaristo Carriego*, 2ª ed. Buenos Aires: Emecé, 1995, p.3 ["Uma vida de Evaristo Carriego", in *O Martín Fierro, Para as seis cordas & Evaristo Carriego*, trad. Heloisa Jahn. São Paulo: Companhia das Letras, 2017, p.174].

7   Id., *Historia universal de la infamia*, 6ª ed. Buenos Aires:

les *confabulatores nocturni* — "homens da noite que narram histórias, homens cuja profissão é contar histórias durante a noite"[8] —, herdam relatos, que recriam ao contar. Pensemos em *História universal da infâmia*, "irresponsável brincadeira de um tímido que não se animou a escrever contos e que se distraiu falsificando e deturpando (sem justificativa estética uma vez ou outra) histórias alheias".[9] Pensemos em "A forma da espada", em "História do guerreiro e da cativa", em "O imortal", em "A outra morte", todos relatos herdados. Pensemos em tantos começos de texto: "Em Junín ou Tapalquén relatam a história",[10] "Em Pringles, o doutor Isidro Lozano me contou a história",[11] "Um vizinho de Morón me contou o caso".[12] O texto borgeano *refere*, no duplo sentido do termo: referir/expressar em palavras, mas também referir/dirigir em um determinado sentido, remeter a representações novas.* Trabalho de referência, trabalho de citação contínuos: *unending gift* que continua dizendo-o.

Ele criou seus precursores e se deixou criar por eles. O *only connect* de Forster (autor nunca mencionado e possivelmente não lido por Borges) poderia ter sido seu lema literário. Com a segurança que o prazer inspira — prazer do texto, gozo quase físico da leitura do qual pouco se falou —, estabelecia suas simpatias e suas diferenças, postulava

---

Emecé, 1966, p.107. Abreviarei: *HUI* ["Homem da esquina rosada", in *História universal da infâmia*, trad. Davi Arrigucci Jr. São Paulo: Companhia das Letras, 2012, p.77].

8   Id., *Siete noches*, 3ª ed. México: Fondo de Cultura Económica, 1982, p.65. Abreviarei: *SN* ["As mil e uma noites", in *Borges oral & Sete noites*, trad. Heloisa Jahn. São Paulo: Companhia das Letras, 2011, pp.130-131].

9   *HUI*, p.10 [*História universal da infâmia*, ed. cit., pp.11-12].

10   Jorge Luis Borges, *El hacedor*. Buenos Aires: Emecé, 1960, p.18. Abreviarei: *H* ["O cativo", in *O fazedor*, trad. Josely Vianna Baptista. São Paulo: Companhia das Letras, 2008, p.20].

11   Id., *El oro de los tigres*. Buenos Aires: Emecé, 1972, p.121. Abreviarei: *OT* [*O ouro dos tigres*, in *Poesia*, trad. Josely Vianna Baptista. São Paulo: Companhia das Letras, 2009, p.136].

12   *OT*, p.125 [*O ouro dos tigres*, ed. cit., p.138].

*   Na edição brasileira da obra de Borges, o verbo "referir" não foi usado na tradução, substituído por "relatar" e "contar". [N.T.]

uma fraternidade pela citação e a alusão. Não surpreende que em suas ficções abundem as sociedades secretas, as seitas, os congressos, que seu último livro se intitulasse *Os conjurados*. Também seus ensaios convocam os membros da imprecisa confraria, igualmente forte, igualmente evanescente, a das letras. Recorre-se a esses "obscuros amigos"[13] não por ostentação nem por preguiça: "recordar com incrédula estupefação o que o *doctor universalis* pensou, é confessar nossa languidez e nossa barbárie. Todo homem deve ser capaz de todas as ideias e entendo que no futuro será".[14] Recorre-se a eles para voltar a ouvi-los, para pô-los em contato e fazê-los dizer, com as mesmas palavras, o que ainda não haviam dito.

Desde o início, os ensaios de Borges tiveram essa indubitável (e surpreendente) qualidade de intercâmbio proveitoso e festivo, de banquete intelectual. Se os renegados tateios de seus primeiros livros, com excesso de entusiasmo e não pouco pedantismo, propunham encontros oximorônicos — os "bons classicões" Milton e Schopenhauer com (ou contra) Max Nordau, Pedro Leandro Ipuche e Lucrécio, e assim, em desfile macarrônico —, o estilo do colóquio foi se afinando em escritos posteriores. Os encontros que Borges provoca em seus textos, poética e emocionalmente eficazes, têm a virtude que a imagem ultraísta nunca obteve para si, a de aproximar duas realidades distantes cujas secretas afinidades o poeta certeiramente adivinha: Kafka e Browning (mais afins que Kafka e o primeiro Kafka); Giordano Bruno e Pascal, unidos pela "diferente entonação"[15] de uma mesma metáfora; Jeová, Swift e um personagem de Shakespeare, cujas palavras se entretecem proveitosamente em "História dos ecos de um

13   *OP2*, p.133 ["A um poeta menor da antologia", in *O outro, o mesmo*, trad. Heloisa Jahn. São Paulo: Companhia das Letras, 2009, p.41].
14   *F*, p.56 ["Pierre Menard, autor do Quixote", in *Ficções*, ed. cit., p.44].
15   Jorge Luis Borges, *Otras inquisiciones*, 2ª ed. Buenos Aires: Emecé, 1964, p.17. Abreviarei: *OI* ["A esfera de Pascal", in *Outras inquisições*, trad. Davi Arrigucci Jr. São Paulo: Companhia das Letras, 1996, p.17].

nome". *Bricoleur* de textos, provocador de citações, Borges nos recorda o último escrito de Ben Jonson: "empenhado na tarefa de formular seu testamento literário e os juízos propícios ou adversos que seus contemporâneos dele mereciam, se restringiu a combinar fragmentos de Sêneca, Quintiliano, Justo Lípsio, Vives, Erasmo, Maquiavel, Bacon e dos Escalígeros".[16]

Borges, *flâneur* literário: à passagem pela cidade, cujo caráter literário é evidente, se sucede o passeio pela literatura, a deriva textual. Passa-se sem esforço de um texto a outro, de um autor a outro, em atitude de disponibilidade. Como nas caminhadas pela cidade, em que se pratica o prazer do olhar — as ruas de Buenos Aires "são todas elas para o cobiçoso de almas/ uma promessa de ventura"[17] —, o passeante textual traduz seu *voyeurismo* em fecunda projeção. Aos desvios da recordação e da leitura — os livros "que continuo lendo na memória,/ lendo e transformando"[18] —, se acrescenta o prazer, a vertigem, diria, da conjectura, "matéria indecisa" tão provisória como a irrealidade das margens de Carriego.

Borges, temeroso dos simulacros — "Quando menino, conheci esse horror a uma duplicação ou multiplicação espectral da realidade"[19] —, escolhe a obliquidade: em vez de afirmar os ídolos, ele os conjectura. Na segunda etapa de sua poesia, abundam os retratos: espécie de galeria habitada por seus obscuros confrades, não museu ideal, como o de Julián del Casal, mas sim museu literário. Cervantes, Quevedo, Heine, Poe, Emerson, Homero, Whitman, Blake: a lista é longa; a evocação conjectural, às vezes hermética — López Merino somente aludido pela data de seu suicídio: "Maio 20, 1928" —, às vezes diretamente anônima: "hoje não és mais que umas palavras/ que os germanistas anotam./

16   *OI*, p.23 ["A flor de Coleridge", in *Outras inquisições*, ed. cit., p.22].

17   Jorge Luis Borges, *Poemas (1912-1953)*. Buenos Aires: Emecé, 1954, p.13. Abreviarei: *P* ["As ruas", in *Primeira poesia*, ed. cit., p.17].

18   *OP2*, p.370 ["Elogio da sombra", in *Poesia*, trad. Josely Vianna Baptista. São Paulo: Companhia das Letras, 1996, p.78].

19   *H*, p.15 ["Os espelhos velados", in *O fazedor*, ed. cit., p.17].

Hoje não és mais que minha voz/ quando revive tuas palavras de ferro".[20]

A conjectura borgeana é um gesto piedoso: tenta resgatar um momento único, corrigir esquecimentos. Conjectura o poeta menor — "és uma palavra num índice"[21] — que ouviu o rouxinol uma tarde. Imagina o ingênuo inovador que arbitrariamente compôs "um primeiro soneto inominado" e oferece a ele, retrospectivamente, seu apoio: "Sentiu talvez que estava acompanhado?".[22] Adivinha um poeta menor que, em 1899 — não por acaso ano de seu nascimento —, procurou "deixar um verso para a hora triste": "Não sei se conseguiste e nem sequer,/ irmão mais velho impreciso, se exististe,/ pois estou só e quero que o olvido/ devolva aos dias tua leve sombra".[23] Em todos os casos, conjectura um momento de escrita que salva, ainda que fugazmente, a perdida memória de um poeta.

A conjectura borgeana é um gesto implacável: resgata, sim, não só os pequenos triunfos da literatura, mas também suas misérias. Dos esquecidos, resgata gestos não correspondidos; dos famosos, sua velhice, sua tristeza, seu desencanto. Escrever — recordar que outro escreveu — dá vida. Mas escrever também destrói, ou desgasta: a obra literária, como o filho, se alimenta de perdas vitais. Assim são os numerosos poemas conjecturais que recriam o momento crepuscular na vida de um poeta, enfatizando, talvez com mais ironia que compaixão, a insignificância, a fragilidade do indivíduo. Emerson comprova sua glória — "Por todo o continente anda meu nome" —, mas também seu sacrifício: "eu não vivi./ Quisera ser outro homem".[24]

---

20 *OP2*, p.219 ["Um poeta saxão", in *Nova antologia pessoal*, trad. Davi Arrigucci Jr., Heloisa Jahn e Josely Vianna Baptista. São Paulo: Companhia das Letras, 1996, p.30].

21 *OP2*, p.133 ["A um poeta menor da antologia", in *O outro, o mesmo*, trad. Heloisa Jahn. São Paulo: Companhia das Letras, 2009, p.41].

22 *OP2*, p.139 ["Um poeta do século XIII", in *O outro, o mesmo*, ed. cit., p.57].

23 *OP2*, p.210 ["A um poeta menor de 1899", in *O outro, o mesmo*, ed. cit., p.109].

24 *OP2*, p.224 ["Emerson", in *Nova antologia pessoal*, ed. cit., p.32].

Whitman, velho e acabado, declara sua ninharia individual em relação à sua obra: "Quase não sou, mas meus poemas ritmam/ a vida e sua glória. Eu fui Walt Whitman".[25] O prostrado Heine, às vésperas de sua morte, compartilha a mesma, melancólica, revelação: "Pensa nas delicadas melodias/ cujo instrumento foi, mas sabe bem:/ não da árvore ou da ave o trilo vem,/ e sim do tempo e de seus vagos dias".[26] O conjectural desencanto desses irmãos grisalhos, entoado diversamente para cada um, mas fundamentalmente o mesmo, encontra eco na resignação de "Borges e eu": "Não me custa nada confessar que alcançou certas páginas válidas, mas essas páginas não podem me salvar, talvez porque o bom já não seja de ninguém, nem mesmo do outro, mas da linguagem ou da tradição".[27] As figuras do museu textual de Borges expõem, com triste dignidade — por isso comovem —, a lição mais árdua e ao mesmo tempo mais rica dessa obra, sua promessa infinita: o indivíduo se anula na letra, mas nela deixa sua secretíssima marca para que futuros *confabulatores nocturni* — horríveis trabalhadores, diria Rimbaud — a reconheçam e o (se) recordem. A literatura, essa "vertigem do espanto".[28]

> Num estábulo situado quase à sombra da nova igreja de pedra, um homem de olhos cinzentos e barba cinzenta, estendido em meio ao cheiro dos animais, humildemente procura a morte como quem procura o sonho. O dia, fiel a vastas leis secretas, vai deslocando e confundindo as sombras no pobre recinto; lá fora estão as terras aradas e um fosso atulhado de folhas mortas e algum rastro de lobo no barro negro onde começam os bosques. O homem dorme e sonha, esquecido. O toque de oração o desperta. Nos reinos da

25   *OP2*, p.226 ["Camden, 1892", in *Nova antologia pessoal*, ed. cit., p.34].
26   *OP2*, p.227 ["Paris, 1856", in *Nova antologia pessoal*, ed. cit., p.35].
27   *OF*, p.50 ["Borges e eu", in *O fazedor*, ed. cit., p.54].
28   *F*, p.18 ["Tlön, uqbar, orbis tertius", in *Ficções*, ed. cit., p.32].

Inglaterra o som de sinos já é um dos hábitos da tarde, mas o homem, quando criança, viu a face de Woden, o horror divino e a exultação, o tosco ídolo de madeira carregado de moedas romanas e de vestimentas pesadas, o sacrifício de cavalos, cães e prisioneiros. Antes do alvorecer morrerá e com ele morrerão, para nunca mais voltar, as últimas imagens imediatas dos ritos pagãos; o mundo será um pouco mais pobre quando esse saxão estiver morto.

Fatos que povoam o espaço e que chegam ao fim quando alguém morre podem maravilhar-nos, mas uma coisa, ou um número infinito de coisas, morre em cada agonia, a não ser que exista uma memória do universo, como conjecturaram os teósofos. No tempo houve um dia que apagou os últimos olhos que viram Cristo; a batalha de Junín e o amor de Helena morreram com a morte de um homem. O que morrerá comigo quando eu morrer, que forma patética ou perecível o mundo perderá? A voz de Macedonio Fernández, a imagem de um cavalo colorado no baldio de Serrano e de Charcas, uma barra de enxofre na gaveta de uma escrivaninha de mogno?[29]

Morto, Borges começa a apagar-se de seu texto. O homem que, porque o sabíamos vivo e lhe havíamos conferido poder, *autorizava* uma obra diversa e ilusoriamente a referendava com sua presença única, já não é. Interrompe-se um relato e começa outro: "Temos uma imagem muito precisa, uma imagem às vezes pungente do que perdemos, mas ignoramos o que pode substituir, ou suceder o que perdemos".[30] A morte do autor — o texto truncado em uma de suas modalidades, o texto que o próprio Borges nunca relerá — nos confronta com uma perda, nos desarma. No-

29   *OF*, p.33 ["A testemunha", in *O fazedor*, ed. cit., pp.35-36].
30   *SN*, p.148 [*Borges oral & Sete noites*, ed. cit., p.202].

mear essa perda é impossível porque não a conhecemos; e paradoxalmente, é somente agora, em pleno desconcerto, antes de que o esquecimento nos trabalhe — antes de esquecer que fomos, um dia, contemporâneos de Borges, antes de que sejamos nós mesmos esquecimento — que podemos entorpecidamente aludir a ela.

Talvez a impressão dominante, nesse momento em que a recordação biográfica turva inevitavelmente a percepção, é que o texto de Borges ficou sem voz. Poucas obras tão escritas — não sobrescritas — como a sua prestaram tanta atenção na voz, na entonação, recorreram a elas para complementar a letra. "Minha verdadeira estirpe/ é a voz, que ainda ouço, de meu pai,/ comemorando música de Swinburne,/ e os grandes volumes que folheei,/ folheei e não li, e que me bastam."[31] Vozes ouvidas, vozes lidas: Borges entesoura essa felicidade que encontra no *Martín Fierro* e que encontramos (o paradoxo é apenas aparente) em sua própria, resolutamente literária, escrita: "o homem que se mostra ao contar".[32] Há poucos escritores tão parcos, inicialmente, com sua voz física — recorde-se sua timidez, seus difíceis começos como conferencista, sua dicção entrecortada, desejosa, fonte de perplexidade para seu interlocutor — de quem entretanto se possa dizer, como ele de seus antepassados: "o tom de sua escrita foi o de sua voz".[33] Hoje essa voz, que aqueles que o conheceram percebem ainda em seus textos como em negativo — os "caramba, caramba", os "não?" com que pontuava sua prosa dubitativa, a ironia, frequentemente excessiva, de algumas de suas marcações parentéticas, seu dom de parodista, sua risada —, deixou, sim, de falar, mas não se calou. À medida que se torna tênue, resta a cada leitor a tarefa de recriá-la: "um livro é mais que uma estrutura verbal, ou que uma série de estruturas verbais; é o diálogo que trava com seu leitor e a entonação que impõe à voz dele e as

---

31   Jorge Luis Borges, *La cifra*. Buenos Aires: Emecé, 1981 [*A cifra*, "Yesterdays", in *Poesia*, ed. cit., p.327].

32   *D*, p.37 [*Discussão*, ed. cit., p.42].

33   Jorge Luis Borges, *El lenguaje de Buenos Aires*, 3ª ed. Buenos Aires: Emecé, 1968, p.29.

imagens cambiantes e duráveis que deixa em sua memória. Esse diálogo é infinito".[34] Em uma das infinitas instâncias desse diálogo, ouvimos, hoje, a voz do texto borgeano e assumimos sua relevância. Confabulamos com Borges para não esquecê-lo.

[1986]

34   *OI*, p.217 ["Nota sobre (em busca de) Bernard Shaw", in *Outras inquisições*, ed. cit., p.182].

BORGES VIAJANTE:
NOTAS SOBRE *ATLAS*

Em 1984, dois anos antes de sua morte, Borges publicou um livro de viagens. A insólita fotografia da capa, tão evocadora de seu admirado Júlio Verne, mostra-o prestes a iniciar um passeio de balão, feliz. No balão, viajam quatro pessoas. Duas delas, o piloto e um acompanhante, nos dão as costas; por seus gestos, parecem estar às voltas com os últimos preparativos do voo que está para começar. As outras duas figuras — os passageiros — estão de frente. A fotografia inocentemente coincide com o gesto de todo autor ao narrar uma viagem: constrói-se diante dos olhos do leitor como pessoa viajante, *posa* para o público.

Na fotografia, María Kodama olha diante de si o que nunca poderemos ver: a câmera, a paisagem que tem à frente, talvez nós. Borges, com um grande sorriso, inclina a cabeça: olha para María. A fotografia também é emblemática do paradoxo fecundo que anima esse curioso livro, produto de um turismo privado de visão. O tema do olhar mediado por certo não é novo em Borges. Ainda quando enxergava, já praticava o olhar oblíquo, assumia em seus textos os olhos do outro. A única maneira pela qual Borges "via" Buenos Aires em sua primeira poesia era através do olhar de seus antepassados, os que viram a cidade no século xix, antes da mudança. Daí a importância do olhar abstrato em "A morte vivida" ("Sentir-se en muerte"), que é também sentir-se em vida, ou melhor, sentir-se em literatura. Mas esse olhar mediado, que coincide em *Atlas* com uma realidade biográfica, não é talvez condição necessária de toda viagem? Não se conta sempre com o olhar do outro que já viu, já descreveu, que deu forma ao que vemos pela primeira vez? Já lemos, ouvimos, vimos o que estamos vendo: "vemos as coisas de memória, como pensamos de me-

187

mória repetindo formas idênticas ou ideias idênticas".[1] Toda viagem é uma série de mediações, de interseções.

Atlas, este "livro que certamente não é um Atlas",[2] não é evocação, nem é viagem imaginária, mas sim deslocamento físico real. O fato, creio, é importante. Mas, olhando bem, não se trata de *uma* viagem, com começo e final, mas de um resumo de múltiplas viagens, um *patchwork*, pode-se dizer, um contínuo deambular. Não há itinerário aqui, não há um "de Paris a Jerusalém" ou um "do Prata ao Niágara". Essa fotografia da capa, assim como um dos textos do volume intitulado, precisamente, "O passeio de balão" são fiéis ao espírito do livro. Aqui há deriva, vaivém: um *flutuar*. Os textos e as fotografias, entrecruzados de modo sem dúvida fecundo e "sabiamente caótico",[3] põem marcos nesse flutuar. Diversamente do cartão-postal ou da fotografia de guia turístico que articulam lugares de cultura, essas modestas imagens, fotos e filmes de escasso valor estético, nos quais se deixou de propósito a borda da película, conjugam democraticamente o monumento e o trivial: o totem canadense, uma conversa após almoço com taças e garrafas, o cemitério de Genebra, ou um brioche em Paris. São momentos, mais que lugares: ocasiões memoráveis, ou seja, ocasiões que depois se buscará evocar a partir dessas superfícies lisas que são uma fotografia, uma página de escrita. Mais do que livro de viagem, *Atlas* é um livro de *keepsakes*, de recordações, uma série de pequenas felicidades transitórias que, quando se volta a olhá-las, são como imagens de imagens, para sempre distanciadas de toda paixão. Olhamo-las e *já não dizem nada*. Diversamente daqueles daguerreótipos familiares que, "com gesto esmaecido" e "quase-voz angustiosa",[4] pediam satisfações ao sujeito de *Fervor de Buenos Aires*,

---

1   Jorge Luis Borges, *Atlas*. Buenos Aires: Sudamericana, 1984, p.43. As próximas citações dessa obra serão indicadas com a inicial *A*, seguida do número de página. [*Atlas*, trad. Heloisa Jahn. São Paulo: Companhia das Letras, 2010, p.57. A paginação da referida edição seguirá a original, entre colchetes].

2   *A*, p.7 [p.9].

3   *A*, p.7 [p.9].

4   Jorge Luis Borges, *Poemas (1912-1953)*. Buenos Aires: Emecé, 1954, p.29 [*Primeira poesia*, trad. Josely Vianna Baptista. São Paulo: Companhia das Letras, 2007, p.41].

estas imagens não apelam à memória de ninguém em particular, mas simplesmente a uma memória disponível, que é outro nome para a imaginação. Só que Borges não olha essas imagens, nunca as olhou, como não olhou o "original" que supostamente esses retângulos mudos restituem ou mais modestamente arremedam. Incomoda um pouco pensar que essa série de iluminações cegas, sombras de sombras como os retratos para Plotino, não foram nunca recuperáveis pelo olhar do indivíduo que as protagonizou, mas sim o são pelo nosso, olhar de espiões. De chofre exibidas diante do leitor, diante do público, essas relíquias privadas se assemelham à mutilada deusa gálica que Borges evoca: "É uma coisa rota e sagrada que nossa ociosa imaginação pode enriquecer irresponsavelmente".[5] *Atlas* é um convite a essa irresponsabilidade, ou seja, é um convite à literatura.

Algumas das fotografias deste livro são de lugares; muitas outras são de Borges, seja sozinho, acompanhado por María Kodama, seja com outra pessoa. As fotografias restituem o corpo de Borges, esse corpo temido e tão frequentemente escamoteado em sua obra, exibem-no em sua impressionante fragilidade: Borges olhando (olhando?) um minarete da mesquita azul, Borges sentado junto a María Kodama no Florian, Borges acariciando seu "último tigre"[6] em um zoológico de Buenos Aires, Borges tocando um muro na rua Ramon Llull em Palma, Borges com um pé enfaixado erguido, em um quarto de Madri, Borges (a mão de Borges, surpreendentemente forte) no Japão, apalpando uma superfície com caracteres talvez indecifráveis para ele. Há uma que considero particularmente engraçada: Borges em umas ruínas da Colônia do Sacramento, sentado em um degrau de uma vastíssima escadaria, velho e desgracioso, sozinho e sereno, os olhos fechados, quase abstrato.[7] Penso naquela frase de "Funes, o memorioso": "monumental como o bronze, mais antigo que o Egito, anterior às profecias e às pirâmides",[8] mas

5   *A*, p.10 [p.11].
6   *A*, p.47 [pp.68-69].
7   *A*, p.86 [p.122].
8   Jorge Luis Borges, "Funes, el memorioso", in *Ficciones*, 4ª ed. Buenos Aires: Emecé, 1963, p.127. Abreviarei: *F* ["Funes, o me-

não é exatamente a frase que busco para descrevê-lo. Penso no velho *gaucho* de "O Sul", "pequeno e seco demais, e estava como que fora do tempo numa eternidade",[9] mas essa frase também não me serve. Subsiste na foto um resto de temporalidade, de humanidade, que impede a total abstração. Achando graça, descubro esse resto que trava minha leitura: os pés de Borges não alcançam o chão, não chegam a tocar o enorme degrau inferior. Está sentado como uma criança, balançando as pernas, as pontas dos pés levemente inclinadas para cima. Talvez esse detalhe também houvesse divertido a ele (tão atento à minúcia visual desde os anos em que frequentava o cinema).

Embora todo texto chame, mais ainda, interpele seu leitor, há gêneros que parecem fazer isso mais do que outros. Não creio que um escritor de ficção faça a si mesmo concretamente a pergunta "A que leitor meu texto se dirige?". Creio que a literatura autobiográfica sim faz isso, como também os textos de viagem, e creio que o fazem apelando a reconhecimentos diferentes. No primeiro caso, o autobiógrafo precisa de leitores que *o* reconheçam, ou seja, que saibam vê-lo conforme suas regras de autofabricação. No segundo, o autor da viagem precisa de leitores que reconheçam (não por tê-lo visto antes) aquilo que descreve, que saibam *ver junto* com ele. Os dois gêneros apelam ao reconhecimento de uma convenção — as regras do jogo — e à mimese, mas em um se trata de uma mimese de identidade, enquanto no outro se trata de uma mimese de experiência. Não é exatamente a mesma coisa.

Nessas comemorações viajantes (comemorações sem comemorador) entram também os sonhos. Inquietantes, como todo sonho, têm além disso algo de brutal e de monstruoso. Penso: qual haverá sido o complexo resto diurno de quem sonhou em Atenas um pai, que é ao mesmo tempo um mutilado rei impostor, e que progressivamente apaga o filho

---

morioso", in *Ficções*, trad. Davi Arrigucci Jr. São Paulo: Companhia das Letras, 2012, p.108].

9   *F*, p.193 ["O Sul", in *Antologia pessoal*, trad. Davi Arrigucci Jr., Heloisa Jahn e Josely Vianna Baptista. São Paulo: Companhia das Letras, 2008, p.33].

em um jogo de xadrez fazendo desaparecer suas peças?[10] (Penso também: onde senão em Atenas cabe ter esse sonho.) Qual haverá sido o resto que leva a "Um sonho na Alemanha", pesadelo escritural — com inúmeras salas de aula, lousas repletas "cujo comprimento é medido em léguas"[11]— e também monstruoso emaranhado alfabético que começa com *Aachen* e termina com *Zwitter* "que corresponde em alemão a hermafrodita"?[12] Um ano mais tarde, em 1985, a leitura de *Os conjurados* me traria uma surpresa: o sonho da Alemanha tornou-se agora um "Sonho sonhado em Edimburgo",[13] o labirinto alfabético começa com *Aar* "o rio de Berna" e termina com *Zwingli*. Passamos da Alemanha à Escócia a Berna, de hermafroditas e heterodoxos, o sonho perdeu localização, mas não por isso é menos memorável, nem menos monstruoso. Outro texto de *Atlas* põe essas vãs concessões geográficas em seu devido lugar. "Meu corpo físico pode estar em Lucerna, no Colorado ou no Cairo, mas toda manhã ao acordar, quando retomo o hábito de ser Borges, emerjo invariavelmente de um sonho que se passa em Buenos Aires."[14]

Eu disse que *Atlas* carece de itinerário, que é coleção heteróclita, sem referente geográfico estável nem cronologia reconhecível. Por isso surpreendem muito mais certos fragmentos datados, como inexplicáveis manifestações de precisão dentro do impreciso divagar do texto, quase como os *hrönir* de Tlön. Um desses fragmentos é "22 de agosto de 1983", texto enganosamente simples e preciso que na realidade perturba a fundo noções de tempo e espaço. A data do título não é a do momento de escrita, mas a do começo, de uma viagem de Borges e María Kodama pela Europa, dois dias antes. De fato: "A nossa [viagem] à Europa começou, na realidade, anteontem, 22 de agosto".[15] A data de redação do texto é, portanto, 24 de agosto de 1983, ou seja, o aniversário

10   *A*, p.37 [p.47].
11   *A*, p.35 [p.44].
12   *A*, p.36 [p.44].
13   Jorge Luis Borges, *Los conjurados*. Madri: Alianza Editorial, 1985, p.67 [*Os conjurados*, in *Poesia*, trad. Josely Vianna Baptista. São Paulo: Companhia das Letras, 2009, p.402].
14   *A*, p.54 [p.79].
15   *A*, p.84 [p.118].

de Borges. Mas o texto em si não evoca o começo da viagem, e sim *outro* momento anterior, a véspera dessa viagem ("as vésperas e o conteúdo da memória são mais reais do que o presente intangível");[16] concretamente, um almoço com Alberto Girri e Enrique Pezzoni em um restaurante japonês de Buenos Aires durante o qual se fala da viagem (à Europa), enquanto se ouvem vozes e música (do Japão), "um coro de pessoas provenientes de Nara ou de Kamakura e que celebravam um aniversário".[17] Resumo a densa textura de vésperas e de deslocamentos: no dia do próprio aniversário se escreve um texto que registra algo ocorrido na véspera — o início de uma viagem à Europa — ao mesmo tempo que se registra algo ocorrido na véspera dessa véspera, uma conversa sobre viagens que coincide com uma comemoração de aniversário. Um aniversário é véspera de uma viagem que é véspera de um aniversário.

Detive-me nesse complexo jogo cronológico porque a data, "22 de agosto de 1983", remete a um dos últimos textos de Borges, datado três dias depois, com o qual forçosamente é preciso conectá-lo. Como "22 de agosto de 1983", "25 de agosto de 1983" trabalha a véspera, o deslocamento, mas agora não é a viagem véspera do aniversário, mas o aniversário véspera do suicídio. E de repente penso nas curiosas coincidências desses dias do fim de agosto de 1983. O que aconteceria então na vida de Borges (a menção a datas fomenta essas patéticas curiosidades), como se chegou a esse nó de enigmas cuidadosamente datados, em que o aniversário (de outro) é véspera da viagem (de um) que é véspera do aniversário (de um) que é véspera do suicídio (de outro)? Não sabemos qual dos dois escreve essas páginas. O desassossego visita de repente esse *Atlas* assombroso e feliz. Certos fragmentos e certas fotos se tingem de particular treva: penso em "A Recoleta"[18] e também nessa foto em que Borges, em Genebra, olha (olha?) o monumento a Calvino. O *keepsake* frequentemente resulta, à sua maneira, em *memento mori*.

16   *A*, p.84 [p.118].
17   *A*, p.84 [p.118].
18   *A*, p.88 [p.127].

Mas prefiro ficar com a primeira imagem de *Atlas*. "Toda palavra" — escreve Borges — "pressupõe uma experiência partilhada. [...] se alguém ignora a felicidade peculiar de um passeio de balão é difícil que eu consiga explicá-la."[19] Embora se possa dizer o mesmo de toda viagem, creio que a fotografia da capa permite intuir essa felicidade, embora Borges não possa explicá-la a nós. Borges sorri largamente, larguíssimo sorriso: em um momento sem data, em um lugar que não vê, Borges está a ponto de viajar, está *em véspera de viagem*. Não sabemos para onde.

[1998]

---

19   *A*, p.30 ["O passeio de balão", p.39].

CITAÇÃO E AUTORREPRESENTAÇÃO NA OBRA DE BORGES

> *Invadia autores como um rei e [...] exaltou sua crença a ponto de compor um livro de caráter discursivo e autobiográfico, feito de traduções, no qual declarou, por frases alheias, a substância de seu pensar.*
>
> JORGE LUIS BORGES,
> "El tamaño de mi esperanza"

"A personalidade, essa miscelânea de percepções entreveradas de respingos de citações", escreve Borges em uma precoce proclama ultraísta.[1] E mais tarde, muito mais tarde, memoravelmente:

> Um homem se propõe a tarefa de desenhar o mundo. Ao longo dos anos, povoa um espaço com imagens de províncias, de reinos, de montanhas, de baías, de naus, de ilhas, de peixes, de moradas, de instrumentos, de astros, de cavalos e de pessoas. Pouco antes de morrer, descobre que esse paciente labirinto de linhas traça a imagem de seu rosto.[2]

Entre essas duas citações, escolhidas à maneira de moldura e brasão, e alimentando-se delas, a reflexão a seguir busca entretecer vida e letra de Borges, ou mais precisamente, personalidade, autobiografia e citação em Borges. Dito de outra maneira: procurará pensar um sujeito e sua leitura e comprovar, mais uma vez, que o sujeito é sua leitura.

É um fato suficientemente conhecido que o texto de Borges se move continuamente em uma matéria literária, que é um texto por excelência referencial no sentido de que, permanentemente, *cita*, se refere a outro texto — mesmo desde a primeiríssima poesia, a que apresenta uma cidade perscrutada por

---

1   "Proclama", *Ultra*, n.21 (1922), citado em Gloria Videla, *El ultraísmo*. Madri: Gredos, 1963, p.200.

2   Jorge Luis Borges, *El hacedor*. Buenos Aires: Emecé, 1960, p.109 [*O fazedor*, trad. Josely Vianna Baptista. São Paulo: Companhia das Letras, 2008, p.168].

relatos e recordações. Prefiro mais exatamente recordar como, também nessa primeira escrita borgeana, aparece uma notável preocupação autobiográfica,[3] paradoxal, por assim dizer, em quem se declara partidário da "ninharia da personalidade". No ensaio de *Inquisiciones* que traz precisamente esse título, o jovem Borges registra uma anedota pessoal. Está em Mallorca, a ponto de regressar definitivamente a Buenos Aires, e ao despedir-se de um amigo quer deixar para ele uma recordação, uma imagem plena e coerente de seu eu, somente para dar-se conta da impossibilidade dessa empresa, de que somente pode deixar para ele o circunstancial, o episódico, o fragmentário: "não há eu de conjunto".[4] Ao mesmo tempo que é autobiográfica, a anedota reforça a impossibilidade de uma autorrepresentação satisfatória. Interessantemente, Borges ilustra essa desencantada revelação com algo mais que a anedota pessoal. No mesmo artigo, recorre também a um texto, não menos eloquente, um parágrafo da *Vida*, de Torres Villarroel, que "quis também definir-se e apalpou sua fundamental incongruência":

> Eu tenho ira, medo, piedade, alegria, tristeza, cobiça, liberalidade, fúria, mansidão e todos os bons e maus afetos e louváveis e repreensíveis exercícios que se possam encontrar em todos os homens juntos e separados. Provei todos os vícios e todas as virtudes, e em um mesmo dia me sinto com inclinação para chorar e para rir, para dar e reter, para folgar e padecer, e sempre ignoro a causa e o impulso dessas contrariedades. A essa alternância de movimentos contrários, ouvi chamar loucura; e se é assim, todos somos loucos, em grau maior ou menor, porque em todos percebi essa impensada e repetida alteração.[5]

3　Para outra abordagem a respeito, remeto ao excelente artigo de Enrique Pezzoni, "*Fervor de Buenos Aires*: autobiografía y autorretrato", recolhido em *El texto y sus voces*. Buenos Aires: Sudamericana, 1986.

4　Jorge Luis Borges, *Inquisiciones*. Buenos Aires: Proa, 1925, p.89. Abreviarei: *I*.

5　*I*, p.89.

Convencido de sua incongruência vital, Torres entretanto (ou talvez por isso mesmo) escreveu sua autobiografia. Com o mesmo convencimento, Borges empreende desde o início uma tarefa de autorrepresentação mais elusiva, mas não menos persistente. Já que não há eu de conjunto, haverá eu disseminado. Não é por acaso que em *El tamaño de mi esperanza* Ben Jonson é admirado porque "Invadia autores como um rei e [...] exaltou sua crença a ponto de compor um livro de caráter discursivo e autobiográfico, feito de traduções, no qual declarou, por frases alheias, a substância de seu pensar".[6] A empresa autobiográfica em Borges traduz-se, desde um primeiro momento, em termos textuais. É a errância e o desejo de um eu disperso em perpétuo ato de (auto)fundação, recriando a Buenos Aires "Grande Aldeia" que é seu lugar de origem e evocando os antepassados que configuram seu romance familiar. É o não menos errante e não menos desejoso eu que, em *Evaristo Carriego*, escreve seu texto não tanto para evocar o medíocre poeta precursor como para sair ele mesmo do confortável núcleo familiar (essa biblioteca de ilimitados livros ingleses, esse recinto protegido pela cerca com lanças), e descobrir o que está além, a intempérie bárbara dos "destinos vernáculos e violentos",[7] que também o significam. Nessas tentativas, por certo fundadoras, do primeiro Borges, o movimento é sempre o mesmo: um tênue sujeito projetado para um entorno do qual se alimenta e em cujas múltiplas facetas busca reconhecer-se. O próprio autor assim o afirma, em um ensaio cujo título é eloquente, "Profesión de fe literaria":

> Toda literatura é autobiográfica, finalmente. Tudo é poético na medida em que confessa um destino, na medida em que nos dá um vislumbre dele. Na poesia lírica, esse destino costuma manter-se imó-

6   Jorge Luis Borges, *El tamaño de mi esperanza*. Buenos Aires: Proa, 1926, p.74.
7   Id., *Evaristo Carriego*, 2ª ed. Buenos Aires: Emecé, 1995, p.9. Abreviarei: *EC* ["Prólogo", in *O Martín Fierro, Para as seis cordas & Evaristo Carriego*, trad. Heloisa Jahn. São Paulo: Companhia das Letras, 2017, p.157].

vel, alerta, mas esboçado sempre por símbolos que se conformam com sua idiossincrasia e que nos permitem rastreá-los [...]. Nos romances, o caso é idêntico. O personagem que importa no romance pedagógico *El criticón* não é Critilo nem Andrênio nem as figuras alegóricas que os rodeiam: é o frei Gracián, com sua genialidade de anão, com seus trocadilhos solenes, com suas reverências diante de arcebispos e próceres, com sua religião da desconfiança, com seu sentir-se culto demais, com sua aparência de xarope e fundo de fel... Conste que não pretendo contradizer a vitalidade do drama e dos romances; o que afirmo é nossa cobiça de almas, de destinos, de idiossincrasias, cobiça tão sabedora do que busca, que se as vidas fabulosas não são suficientes, indaga amorosamente a do autor.[8]

A cobiça de vidas, definidora do impulso autobiográfico, marca a primeira obra de Borges. Se essa cobiça — da outra Buenos Aires, dos *compadritos*, dos antepassados ilustres — configura nos primeiros poemas uma necrópole ainda mais privada que a protetora Recoleta, uma espécie de panteão familiar por meio do qual o eu se define, já por essa época começa a haver signos (nos renegados ensaios de *Inquisiciones* e *El tamaño de mi esperanza* e também em *Evaristo Carriego*) de outros ricos prolongamentos desse entesouramento de vidas: o panteão torna-se, sem por isso perder seu caráter de santuário privado, museu textual. Junto às rememoradas vidas de Isidoro Acevedo, de Nicolás Paredes, de Carriego, junto aos recuperados destinos dos personagens de *The Purple Land*, de William Henry Hudson, aparecem outras figuras, outros textos que são figuras, para apontar o eu.

A cobiça de outras vidas adota, no texto de Borges, aspectos insólitos. Talvez a manifestação mais óbvia, mais impulsiva, seja a reticente admiração que, em mais de uma entrevista, Borges declara sentir diante dos personagens "reais" de Dickens, Conrad, Melville: "penso que Billy Budd é um ho-

8 *I*, pp.146-147.

mem real".[9] Essa percepção, se se quer ingênua, se complica quando Borges a torna extensiva aos próprios autores, e não a seus personagens. Embora sonhe com uma literatura anônima e exalte Valéry por propor uma história da literatura sem nome de autor, por ser "um homem que transcende os traços diferenciais do eu e de quem podemos dizer, como William Hazlitt de Shakespeare: '*He is nothing in himself*'",[10] ao mesmo tempo, como não prestando atenção a essa impessoalidade que postula para a literatura, Borges bisbilhota a conjectural personalidade do outro, esses "traços diferenciais do eu", e os resgata já não nos personagens, mas nos autores. Assim como de *El criticón* retém o "frei Gracián [...] com seu sentir-se culto demais, com sua aparência de xarope e fundo de fel",[11] escreve que "pensar na obra de Flaubert é pensar em Flaubert, no ansioso e laborioso trabalhador [...] nenhuma criatura de Flaubert é real como Flaubert".[12] Se o eu continua autodefinindo-se por meio de outras vidas, agora essas vidas são produto da pura conjectura literária. Borges cita autores, figuras de autores, com seus gestos, suas manias, suas idiossincrasias, como quem cita textos.

Borges ronda essas imaginadas vidas de autores com notável frequência. Conhece de antemão o caráter vão de toda empresa biográfica: "O fato de um indivíduo querer despertar em outro indivíduo lembranças que pertenceram exclusivamente a um terceiro é um paradoxo evidente".[13] Mas na realidade o que busca não é a biografia, nem o acúmulo de fatos e dados. Já em um precoce ensaio, "Menoscabo e grandeza de Quevedo", enumerava fatos de "a aventura pessoal do

---

9   Richard Burgin, *Conversations with Jorge Luis Borges*. Nova York: Discus/Avon, 1970, p.78.

10 Jorge Luis Borges, *Otras inquisiciones*, 2ª ed. Buenos Aires: Emecé, 1964, p.107. Abreviarei: *OI* ["Valéry como símbolo", in *Outras inquisições*, trad. Davi Arrigucci Jr. São Paulo: Companhia das Letras, 1996, p.93].

11 *I*, p.147.

12 Jorge Luis Borges, *Discusión*, 3ª ed. Buenos Aires: Emecé, 1964, p.149 ["Flaubert e seu destino exemplar", in *Discussão*, trad. Josely Vianna Baptista. São Paulo: Companhia das Letras, 1996, p.145].

13 *EC*, p.33 ["Uma vida de Evaristo Carriego", in *O Martín Fierro, Para as seis cordas & Evaristo Carriego*, ed. cit., p.174].

homem Quevedo" para depois desconsiderá-los. "Já se desbaratou e afundou a plateresca fábrica de sua continuidade vital e só deve interessar-nos o mito, a significação alvoroçada que com ela forjemos."[14] Em seus poemas, esse forjar um significado à base de seletos (e habitualmente inventados) dados históricos, esse trabalho de estilização figurativa, se torna cada vez mais frequente com a passagem do tempo. Como o Browning dos monólogos, Borges cria em seus poemas, infatigavelmente, uma galeria de especulares *outros* aos quais atribui gestos, palavras, alguma intenção, emoções: do puramente regional López Merino ao monumental Milton, passando por Heine, pelo anônimo descobridor do soneto, por Emerson, por Cervantes, por Quevedo, por Whitman. Meu propósito é seguir a sorte de algumas dessas figuras tomadas da deriva da especulação borgeana e ver nelas o oblíquo reflexo de "um tímido [...] que se distraiu falsificando e deturpando (sem justificativa estética uma vez ou outra) histórias alheias"[15] com o fim de autorretratar-se.

O fato de que o Quixote apareça no título do primeiro conto que Borges aceita reconhecer como tal, "Pierre Menard", e que seja a última menção do epílogo de sua *Obra poética* não é casual. Entre esses marcos, se move pelas letras de Borges o texto cervantino, nomeado, aludido, explicado, dobrado à comparação inesperada, plagiado com humor: "uma espécie de gravitação familiar me afastou para bairros de cujo nome quero sempre me lembrar".[16] Algumas vezes, Borges convoca o texto de Cervantes para ilustrar sua própria poética: por meio dele, reflete sobre leitura e escrita, descobre a *mise en abyme*, postula a tênue diferença entre o sonhador e o sonhado, entre o criador e sua criação, "golemiza" Cervantes e seu personagem, se apropria da biblioteca de Alonso Quijano. Também não é surpreendente que o texto de

---

14 *I*, p.39.

15 Jorge Luis Borges, *Historia universal de la infamia*, 6ª ed. Buenos Aires: Emecé, 1966, p.10. Abreviarei: *HUI* [*História universal da infâmia*, trad. Davi Arrigucci Jr. São Paulo: Companhia das Letras, 2012, pp.11-12].

16 *OI*, p.246 ["Nova refutação do tempo", in *Outras inquisições*, ed. cit., p.208].

Quevedo apareça mencionado com frequência escassamente menor nessa obra. Borges praticou — entendo o verbo em um sentido ativo, o de exercer uma escrita por meio da repetida leitura de outro autor — Quevedo com a mesma felicidade que Cervantes, detendo-se em sua complexa erudição, compartilhando seu prazer por obscuras fontes e citações, reconhecendo-se em seu "gosto verbal, sabiamente regido por uma austera desconfiança sobre a eficácia do idioma".[17] Mas não quero deter-me tanto nos *textos* de Quevedo e de Cervantes como naquilo que deles precisamente sobra, seu excedente ou resíduo, ou seja, sua figura de autor. A essa figura autoral (e sem dar nomes), Borges dedica "Um soldado de Urbina" e "A um velho poeta", dois de seus mais bem-sucedidos sonetos conjecturais e, ao mesmo tempo, dois de seus mais bem-sucedidos autorretratos. Recordo os textos:

Crendo-se indigno de outra façanha
como aquela no mar, este soldado,
a sórdidos ofícios resignado,
errava obscuro por sua dura Espanha.

Para apagar ou mitigar a sanha
do real, ia em busca do sonhado
e lhe deram um mágico passado
os ciclos de Rolando e da Bretanha.

Contemplaria, posto o sol, o amplo
campo em que dura um reflexo de cobre;
se imaginava só, acabado, pobre,

sem saber de que música era dono;
atravessando o fundo de algum sonho,
encontrou-se com dom Quixote e Sancho.[18]

17   *I*, p.43.
18   Jorge Luis Borges, *Obra poética*. Madri: Alianza Editorial, 1972, p.140. Abreviarei: *OP2* ["Um soldado de Urbina", in *Antologia pessoal*, trad. Davi Arrigucci Jr., Heloisa Jahn e Josely Vianna Baptista. São Paulo: Companhia das Letras, 2008, p.132].

Paralelo a esse soneto, outro, quase sua contrapartida, convoca Quevedo, também acabado, só, pobre e igualmente anônimo:

> Caminhas pelo campo de Castela
> e quase não o vês. Um intrincado
> versículo de João é teu cuidado
> e mal percebes a luz amarela
>
> do pôr do sol. A vaga luz delira
> e nos confins do Leste se dilata
> essa lua de escárnio e de escarlata
> que talvez seja o espelho da Ira.
>
> O olhar elevas e a contemplas. Uma
> memória de algo que foi teu começa
> e se dissipa. A pálida cabeça
>
> curvas e segues caminhando triste,
> sem recordar o verso que escreveste:
> *seu epitáfio a sangrenta lua.*[19]

Em ambos os casos, trata-se de uma pose fecunda dentro do contexto borgeano. A errância do poeta na hora do crepúsculo (hora favorável à revelação) é gesto fundador na primeira poesia. Costuma ser momento de reconhecimento, de encontro com uma "heredade recobrada"[20] tornada "tão real quanto um verso/ esquecido e resgatado".[21] Entretanto, nesses dois sonetos (como se registrassem o avesso desencantado daquele primeiro fervor poético que o levava a declarar, com não pouca arrogância: "para ir semeando versos/ a noite é uma terra arável"),[22] a ocasião é singularmente pouco auspiciosa, a errância desencantada, o caminhante, no sentido

---

19 *OP2*, p.172 ["A um velho poeta", in *Antologia pessoal*, ed. cit., p.103].
20 *OP2*, p.25 ["Bairro reconquistado", in *Primeira poesia*, trad. Josely Vianna Baptista. São Paulo: Companhia das Letras, 2007, p.39].
21 *OP2*, p.18 ["Rua desconhecida", in *Primeira poesia*, ed. cit., p.25].
22 *OP2*, p.50.

mais literal, é um tonto: um cansado ex-soldado gestando o Quixote sem saber, alheio à magnitude de sua empresa; um velho poeta, distanciado do verso, imortal para outros, que ele esqueceu; os dois sozinhos, acabados, tristes, irreconhecíveis e, acima de tudo, não reconhecentes.

Há nos dois casos uma notável desproporção entre o indivíduo desvalido e a obra que o supera e que já não é dele, mesmo quando (como no caso de Cervantes) ele ainda não a escreveu. Há também certo sadismo na representação fantasmática de uma proposta fundamental de Borges: a ninharia da autoridade, a obliteração do indivíduo por essa literatura da qual terá sido, por um momento, lugar de passagem. Nem Cervantes nem Quevedo aparecem nomeados nos sonetos que Borges dedica a eles. Entretanto, o leitor identifica essas figuras de desamparo e pode restituir-lhes o nome, precisamente porque reconhece a alusão à obra. A citação, aqui, encarna o personagem: como Billy Budd, Cervantes e Quixote são aqui "personagens reais". No último verso de "Um soldado de Urbina", a menção a Dom Quixote e Sancho permite reconhecer Cervantes. No último verso de "A um velho poeta", o memorável eneassílabo do soneto ao Duque de Osuna permite reconhecer Quevedo. A distância que separa o soldado triste ou o velho poeta de sua obra não difere da que acusa com resignação o narrador de "Borges e eu", "talvez porque o bom já não seja de ninguém, nem mesmo do outro, mas da linguagem ou da tradição".[23]

Em um já célebre soneto sobre autobiografia e epitáfios, Paul de Man privilegia a prosopopeia como figura autobiográfica por excelência: "é a ficção de apostrofar uma entidade ausente, falecida ou muda, com o que se postula a possibilidade de que essa entidade responda e se confere a ela o poder da palavra".[24] Não é outra coisa, por certo, que o autobiógrafo faz: convoca um eu caduco (um eu que já é não-eu) a quem atribui voz e máscara no presente da escrita. Aplicada a esses dois sonetos conjecturais, a observação revela-se parti-

23 H, p.50 ["Borges e eu", in O fazedor, ed. cit., p.54].
24 Paul de Man, "Autobiography as De-facement", in The Rhetoric of Romanticism. Nova York: Columbia University Press, 1984, pp.75-76.

cularmente rica, com a diferença de que Borges convoca um *outro* (um "forasteiro", figura recorrente em seus textos), o qual, no curso do soneto, se torna eu. Por outro lado, o caráter lapidar desses textos não haverá escapado ao leitor. O soneto sobre Quevedo remete notoriamente a um final de vida, posto que o versículo de João ao qual se alude pertence ao Apocalipse: "e o sol tornou-se preto como um saco de crina, e a lua inteira como sangue" (Apocalipse, 6:12). O poema termina, precisamente, com um epitáfio.

Entendo o termo "lapidar" em um duplo sentido. Evidentemente, lapidar pelo tom conclusivo, quase testamentário, da evocação. Mas, além disso, penso *lápide* em um sentido mais literal (embora algo perverso), ou seja, inscrição ritual, não fixada no mármore, mas citada no poema, citação que define (e celebra) um morto querido, que lhe devolve um rosto. Borges já havia cortejado o exercício, em "Inscrição em qualquer sepulcro", texto em que proclamava a perduração dos mortos não tanto nas gárrulas declarações do "mármore temerário", como nas vidas alheias: "tu mesmo és o espelho e a réplica/ daqueles que não alcançaram o teu tempo".[25] Agora, como os *tombeaux* de Mallarmé, que também apontam a ninharia do escritor morto sob as letras que celebram sua memória, cita o morto, mas a citação que pratica não é tanto de grupo (como as citações que Borges faz do século XIX) como privada: não é tanto devolver os rostos a Cervantes e Quevedo, como dar máscara ao eu. Borges celebra a conjectural memória de dois autores para dar corpo, por assim dizer, a uma parte importante de si. Pela alografia chega à autobiografia: o *"Tel qu'en lui même l'éternité le change"* ["Tal como nele mesmo a eternidade o converte"] mallarmeano poderia ser substituído por um *"Tel qu'en moi-même l'écriture me change"* ["Tal como em mim mesmo a escrita me converte"] borgeano. A cerimonial visita a esses mortos, a esses escritores cujas obras já são de todos, são visitas autorreflexivas, diálogo especular consigo mesmo.

Borges reconhece os dois gumes desse trabalho indiretamente autobiográfico, o risco de que, ao evocar o outro, ao

---

25   *OP2*, p.34 ["Inscrição em qualquer sepulcro", in *Primeira poesia*, ed. cit., p.57].

vestir-se, por assim dizer, do outro, se des-figura forçosamente o eu. Essa possibilidade não parece inquietá-lo, mais exatamente parece oferecer a ele — a este sistemático desconfiado do eu único, a este fervoroso da ninharia da personalidade — um secreto consolo, o mesmo que ele oferece a seus mal definidos confrades: o de disseminar-se em muitos, o de perdurar *outramente*. Um de seus textos tardios declara:

> Meus livros (que não sabem que eu existo)
> São tão parte de mim como este rosto
> De fontes grises e de grises olhos
> Que inutilmente busco nos cristais
> E que com a mão côncava percorro.
> Não sem alguma lógica amargura
> Penso que as palavras essenciais
> Que me expressam se encontram nessas folhas
> Que não sabem quem sou, não nas que escrevi.
> Melhor assim. As vozes dos mortos
> Vão me dizer para sempre.[26]

A literatura não sabe que Cervantes, ou que Quevedo, ou que eu, a escrevemos, do mesmo modo que nem eu, nem o velho poeta, nem o soldado de Urbina sabemos reconhecer qual é a literatura de cada um de nós. Entre esses dois desencontros resta a tarefa de citar, de recordar os livros de outros, de conjecturar o outro que se torna eu mesmo ao ser citado, para dar-se, por um momento, a felicidade de ser.

[1990]

---

26   Jorge Luis Borges, *La rosa profunda*. Buenos Aires: Emecé, 1975, p.131 [*A rosa profunda* ("Meus livros"), in *Poesia*, ed. cit., p.191].

FONTES BIBLIOGRÁFICAS DOS TEXTOS

"Desde lejos: la escritura a la intemperie". *Cuadernos de Recienvenido*, publicação do Programa de Pós-Graduação em Língua Espanhola e Literatura Espanhola e Hispano-Americana do Departamento de Letras Modernas da Faculdade de Filosofia, Letras e Ciências Humanas da Universidade de São Paulo, n. 33, 2020.

"Derecho de propiedad: escenas de la escritura autobiográfica". *Chuy: Revista de Estudios Literarios Latinoamericanos*, Buenos Aires: UNTREF, ano 2, n.2, pp.105-118, jul. 2012.

"La cuestión del género: propuestas olvidadas y desafíos críticos". *Revista Iberoamericana*, Pittsburgh: University of Pittsburgh, vol. LXVI, n. 193, pp.815-819, out.-dez. 2000.

"Sarmiento, lector de sí mismo en *Recuerdos de provincia*". *Revista Iberoamericana*, Pittsburgh: University of Pittsburgh, vol. LIV, n. 143, pp.407-418, abr.-jun. 1988.

"Deseo e ideología a fines del siglo XIX", "La política de la pose", "Secreto a voces: traslados lésbicos en Teresa de la Parra", in *Poses de fin de siglo: desbordes del género en la modernidad*. Buenos Aires: Eterna Cadencia, 2012, pp.17-40, 41-53, 262-287.

"Victoria viajera: crónica de un aprendizaje", in Victoria Ocampo, *La viajera y sus sombras: crónica de un aprendizaje*. Seleção e prólogo de Sylvia Molloy. Buenos Aires: Fondo de Cultura Económica, 2010, pp.9-39.

"'Una torpe estatuilla de barro': figuración de Alejandra Pizarnik". *Taller de Letras*, Santiago: Facultad de Letras, PUC de Chile, n. 57, pp.71-79, 2015.

"Traducir a Borges", in Rafael Olea Franco, *Borges: Desesperaciones aparentes y consuelos secretos*. México: El Colegio de México, 1999, pp.273-283.

"Jorge Luis Borges, confabulador", "Borges viajero: notas sobre *Atlas*", "Cita y autofiguración en la obra de Borges", in Sylvia Molloy, *Las letras de Borges y otros ensayos*. Rosário: Beatriz Viterbo, 1999, pp.209-217, 241-246, 227-236.

POSFÁCIO
INTERVENÇÕES CRÍTICAS/INSCRIÇÕES SUBJETIVAS
ADRIANA KANZEPOLSKY

Deslocamento, transposição, tradução, pose e poses, performance, gênero, figuração, trânsito, relatos, relevâncias narrativas, voz, corpo e corpos, memória, leitor, leitura e algumas de suas variações são os conceitos ou, talvez, seria mais apropriado dizer as figuras ou os operadores de leitura reiterados, às vezes com variações, nos textos críticos de Sylvia Molloy que Paloma Vidal selecionou para este volume. Embora reapareçam de um texto a outro, a flexibilidade que as caracteriza tem como consequência que, em cada uso, seu significado não seja exatamente idêntico, e também que o lugar que ocupam difira. É assim que, em um jogo de citações e reenvios, cada leitura privilegia uma das figuras, enquanto as demais — ou algumas delas — são deslocadas a um segundo plano para reaparecer como protagonistas em outro texto.

Simultaneamente, trata-se de figuras e de leituras que são repensadas, reescritas e, até mesmo, às vezes, questionadas, ou postas em dúvida, o que nos aproximaria de um conceito central da Molloy crítica, mas também da escritora: o do/a leitor/a com o livro na mão. Quero dizer que, em grande parte dos textos que constituem este volume, Sylvia Molloy não só lê outros escritores — seus textos e seus corpos, a relação entre literatura e vida, sempre presente —, mas também se relê e se inscreve à luz dessas mesmas figuras: em particular, como sujeito presente na leitura. Alguém que não se oculta no que chamou "o armário da crítica", mas que se mostra na escrita, seja reafirmando uma posição, seja advertindo quanto aos perigos que espreitam qualquer perspectiva de leitura — inclusive a própria — se for transformada em um sistema interpretativo totalizante. Uma prática que (entre outras coisas) se traduz em se deter em partes ou fragmentos dos textos de escritores já estudados, que havia deixado de lado em leituras anteriores porque, como afirma em um ensaio sobre Borges, "não [lhe] convinham".

Não obstante, estamos diante de conceitos/figuras de leitura concebíveis como um elo que articula uma perspectiva crítica — ou uma poética da crítica — extremamente coerente e instigante, cuja proposta é iluminar pontos que as interpretações críticas tradicionais haviam deixado de lado por considerá-las incômodas, porque não correspondiam às agendas do momento — atravessadas, geralmente, pela pergunta sobre o político em sentido estrito — ou porque geravam ansiedade por serem desestabilizadoras, já que não se adequavam aos pressupostos ideológicos que as interpretações nacionais e/ou continentais no século XIX, mas também no XX, pensaram e organizaram.

Uma crítica, a de Molloy, que se detém no menor, no resíduo, no "desvio" da linha central da argumentação, no que parece não ter importância, e é o que possibilita a ela introduzir o desejo como afeto a ser indagado, recuperando, para tanto, uma pergunta central: qual é o lugar que cabe ao corpo dos escritores na cultura?, mas também: como a crítica leu esses corpos quando são corpos dissidentes, que não se enquadraram nos projetos formativos dos estados-nação latino-americanos? Para isso, a ensaísta indaga, perscruta em relatos ou passagens aparentemente insignificantes que lhe permitem ler *outra coisa*, o que havia sido deixado de lado por ser inconveniente.

Nesse sentido, revela-se particularmente interessante o fato de que Molloy centre sua leitura da relação entre corpo e cultura na América Hispânica em momentos que foram desprezados pela crítica, como o final do século XIX e as primeiras décadas do século XX. Ou seja, seu olhar não focaliza nem os corpos subalternos — índios, mestiços, negros, às vezes, mulheres —,[1] centrais no projeto colonial e objeto da atenção da crítica já há alguns anos —, nem os corpos das então

---

[1] Embora também não os tenha deixado de lado, como se pode ler nos capítulos que dedica a Juan Francisco Manzano e à Condessa de Merlin em *Vale o escrito: a escrita autobiográfica na América Hispânica*. Chapecó: Argos; Editora da Unichapecó, 2004.

recentes Repúblicas, objeto do que Doris Sommer chamou, em seu conhecido estudo, "Romances de fundação", cujo tratamento na literatura da época se voltava para dar forma, a partir da ficção, às novas nações. Molloy indaga corpos sexualizados, com uma sexualidade dissidente ou "fora do eixo", para usar seus próprios termos. Uma leitura que, como assinalei, reposiciona o desejo como afeto a ser indagado.

Estamos diante de um tipo de atenção que, se se desdobra particularmente nos ensaios sobre a América Hispânica do fim do século XIX, retrocede no tempo até uma cena de *Viajes* de Sarmiento, assim como também emerge pontualmente em alguns comentários sobre as ficções borgeanas e, de forma notável, no final do ensaio sobre Victoria Ocampo viajante, em que evoca um episódio do qual foi testemunha e coprotagonista. Uma pequena anedota em que Ocampo, aos 83 anos, deslumbrada com a beleza de um adolescente parecido com o Tadzio de *Morte em Veneza*, que ela havia espreitado em uma mesa de restaurante, o seguiu pela rua quando ele abandonou o local, até que sua figura desaparecesse. Molloy encerra essa passagem com o seguinte comentário: "Recordo que tinha 83 anos. Recordo minha admiração. Estava sempre pronta para ver a beleza e se deixar comover por ela. Continuava viajando". Uma forma de dizer, no sistema de transposições da própria Molloy, que Victoria continuava desejando. E cabe ressaltar, nesse sentido, que além de se tratar de uma das poucas vezes em que a figura de Victoria é evocada sem nenhuma ambiguidade, somente com admiração e afeto, a autora volta a contar esse episódio de forma quase idêntica em um dos capítulos de *El París de Molloy*.[2]

Ensaios que nunca se constroem como leituras definitivas, ensaios sem arrogância, em que a erudição sempre está presente, mas nunca agride; são textos amáveis, atravessados por pequenas anedotas ou relatos, lugares de descanso, fofoqueiros muitas vezes, que, sem se afastar daquilo que se quer problematizar, divertem com seu humor e suave ironia. Mas também textos em que esses mesmos conceitos, em par-

2   Sylvia Molloy, *Escribir París*, in Sylvia Molloy; Enrique Vila-Matas, [*Escribir*] *París*. Santiago: Brutas Editoras, 2012.

ticular os de tradução, transposição e deslocamento, são centrais para que ela reflita sobre si mesma como escritora, mas também como uma crítica que escreve "a partir de fora". Isso a leva a perguntar-se em "De longe: a escrita na intempérie": "Como se escreve a partir de outro lugar e o que ocorre com a cena da escrita quando é deslocada? Como se tecem as sutis relações entre autor, língua, escrita e nação?". Ou também: "Que comunidade de leitores e que contexto de leitura o texto do escritor desterrado convoca?".

Construídos em torno de nomes imprescindíveis da literatura argentina, daquilo que em algum momento definiu como um corpo "disforme e imaginário" e, em menor medida, em torno de alguns escritores canônicos de outros países do continente, como Rubén Darío, José Martí ou Teresa de la Parra, essas figuras de leitura atravessam um *corpus* de autores e de momentos da literatura hispano-americana que abrange desde as primeiras décadas do século XIX, com um ensaio sobre *Recuerdos de provincia* (1850), de Domingo Faustino Sarmiento; detém-se no fim do século XIX, em que são inescapáveis os nomes de Darío, Martí ou Rodó, como sujeitos leitores, mas também como objetos de leitura, e, já no século XX, na escritora venezuelana Teresa de la Parra, cuja obra integra não só o cânone da Venezuela, mas também da América Hispânica. Um reconhecimento que corre paralelamente à omissão de seu vínculo amoroso com a antropóloga cubana Lydia Cabrera, em cuja relação, testemunhada na correspondência que trocaram, Molloy se detém para relacioná-la com as opções estéticas de Parra e para indagar, ao mesmo tempo, o modelo de amor homoerótico que essas cartas delineiam, como também nas perífrases e omissões na construção da figura de Teresa de la Parra por parte da crítica, em que o que se nega não são os fatos, mas o conhecimento deles, algo que sintetiza na expressão "segredo de polichinelo".

Há também as figuras de leitura das quais se vale para ler Borges em quatro ensaios, em cuja construção se ouve como fundo a pergunta sobre como ler um clássico; nesse caso, como ler o grande clássico da literatura argentina do século XX. Um século no qual também lê as crônicas de viagem de Victoria Ocampo, uma viajante de diversas faces, e que se completa com um ensaio sobre Alejandra Pizarnik, profundamente íntimo, no qual volta a pôr em funcionamento a categoria de pose, da qual havia se valido para ler na contracorrente as décadas finais do século XIX.

Embora essas figuras de leitura atravessem todos os textos reunidos neste volume, quero deter-me agora, de forma mais detalhada, em três deles, que são os que constituem a primeira seção. Trata-se de três ensaios dissímiles, que não estão centrados na leitura de um escritor ou de uma obra em particular, e sim têm um caráter mais teórico ou, ao contrário, extremamente pessoal, como "De longe: a escrita na intempérie".

O primeiro, do ano 2000, "A questão do gênero: propostas esquecidas e desafios críticos", funciona como uma espécie de pórtico e de marco teórico para os três textos selecionados de *Poses de fin de siglo: desbordes del género en la modernidad*. Contemporâneo da maior parte dos ensaios compilados neste livro, nesse caso, a proposta é revisar formas da leitura crítica hispano-americana que deixaram de lado a questão do gênero. Trata-se, poderíamos dizer, de um texto de intervenção nas políticas da crítica hispano-americana que, como mencionamos, se esquivaram dessa perspectiva ou, pelo menos, a evitaram nas interpretações totalizantes sobre a literatura/cultura do continente, porque o reconhecimento de sexualidades divergentes atentava contra um tipo de representação do nacional situada sobre o que denomina um "binarismo utilitário".

Nesse sentido, o texto se propõe a assinalar o que essas leituras haviam omitido por ser dissonante; sublinhar ao mesmo tempo um vazio e um silêncio que, se já aparece nos textos ficcionais ou ensaísticos do século XIX, se estende ao longo do século XX. Uma situação que, entendo, foi se modificando nas primeiras décadas do século XXI. Nesse sentido, não me parece casual que dois dos verbetes do recente *Diccionario de términos críticos de la literatura y la cultura en América Latina*[3] se concentrem em dois termos inseparáveis das propostas de Molloy: "flexão do gênero" e "política da pose", escritos por Nora Domínguez e Marcela Zanin, respectivamente.

---

3   Beatriz Colombi (org.), *Diccionario de términos críticos de la literatura y la cultura en América Latina*. Buenos Aires: Clacso, 2021.

Sendo assim, enquanto Sylvia Molloy assinala esse vazio nos discursos críticos, adverte também sobre os riscos que implicaria armar um contrarrelato mestre ou minimestre com categorias excluídas, como as de gênero, raça ou classe, que se transformasse igualmente em outra interpretação totalizante e, nesse sentido, fechada sobre si mesma e excludente. Penso que é nessa advertência sobre os perigos da própria posição crítica que emerge com mais nitidez a "lição" de Molloy, sua inteligência crítica contradogmática, que aposta sempre em deixar as questões em aberto e na qual se evidencia sua disponibilidade para revisar seus próprios pressupostos e questioná-los, como apontamos antes. Um movimento que se traduz em textos críticos com uma forte matriz subjetiva e em sucessivas reescritas que ampliam a perspectiva, modulam-na, iluminam passagens que haviam ficado em segundo plano; uma perspectiva de leitura que se corrige, que ensaia. Formas de conceber o trabalho crítico que, juntamente com o aprofundamento e a ampliação do conhecimento sobre o objeto, construem um relato sobre as voltas de um caminho que constantemente se dobra e se desdobra em novas possibilidades.

O segundo texto cuja abordagem não se concentra particularmente em um escritor ou grupo de escritores hispano-americanos, mas sim se abre a uma pergunta de caráter mais teórico, para descrevê-lo de algum modo, é "Direito de propriedade: cenas da escrita autobiográfica", fruto de uma conferência realizada na Universidade de São Paulo, em 2005. O ensaio, organizado sobre diferentes aspectos da relação entre literatura e vida, ou entre vida e escrita autobiográfica, parte de um episódio de sua própria biografia, no qual a pergunta de um acadêmico sobre a identidade "real" de um personagem de seu primeiro romance, *En breve cárcel*, a irrita e a incomoda. Uma irritação que funciona como disparador para o retorno a um tema iniludível em seus textos críticos, mas também nos "ficcionais": como se conta uma vida?, que identidade os autobiógrafos construem na evocação de suas recordações?, que recorte e que montagem realizam na re-presentação dos episódios biográficos escolhidos para entrar como matéria do relato? Em última instância, que relação se estabelece entre a autorrepresentação — a persona textual — do sujeito na escrita e sua biografia, sua vida vivida? E, nesse sentido: qual é o "direito de propriedade" que corresponde ao autobiógrafo sobre a matéria contida no relato?

Como em outras ocasiões, nos encontramos aqui diante de um texto em que, partindo de uma situação pessoal e de uma paixão incômoda, Molloy reflete sobre sua própria prática, agora como escritora, o que resulta em que, em um primeiro momento, inscreva sua prática, mas também a anedota que originou o ensaio, em uma série que remete ao universo anglo-saxônico ("usos indevidos" da autobiografia de Stephen Spender e de Susan Sontag), para, em um segundo momento, concluir que o sujeito autobiográfico é produto de mais de um autor, isto é, de um leitor fantasmático que decide no momento da leitura a sorte desse eu disponível no texto.

Se voltarmos à série de conceitos ou figuras de leitura que enumeramos no início, esse texto põe o foco no leitor e articula uma relação complexa entre a persona textual da autobiografia, o sujeito civil que é seu autor e um leitor que se apropria de passagens desses relatos autobiográficos para construir seus próprios textos. Alguém que, como sujeito civil e não textual, usurparia a imagem da persona textual para construir uma imagem dissonante da que o autobiógrafo quis oferecer.

Grande parte do artigo, pontuado por termos e conceitos jurídicos, alheios ao espaço latino-americano, se fecha com uma afirmação que o sintetiza e modifica seu tom. Escreve: *"Ghost text por excelência, inapreensível, escorregadio; a autobiografia se nos vai das mãos: acaso nisso, e nisso só, coincida realmente com nossa vida"* (grifo nosso).[4]

Penso que essa breve afirmação final de caráter pessoal, em que abandona a amostra de casos, os exemplos e contraexemplos, é a parte mais valiosa de seu texto, já que remete a uma longa argumentação da escritora na qual afirma que não há textos autobiográficos, mas sim leituras autobiográficas.

---

4   A citação foi retirada da versão em português, publicada em Helmut Galle; Ana Cecilia Olmos; Adriana Kanzepolsky; Laura Zuntini Izarra (orgs.). *Em primeira pessoa: abordagens de uma teoria da autobiografia*. São Paulo: Annablume, 2009, p.49. Utilizo essa edição porque me interessa a referência à autobiografia — modificada nas edições posteriores — que, como destaco, se vincula a uma posição central da concepção da escritora sobre autobiografia, relacionada aos postulados de Paul de Man.

Uma perspectiva sobre esse tipo de textos que Sylvia Molloy desenvolveu extensamente em seu clássico *Acto de presencia: la escritura autobiográfica en Hispanoamérica*, volume único, que foi publicado em inglês em 1991, em castelhano em 1996 e traduzido para o português como *Vale o escrito: a escrita autobiográfica na América Hispânica*, em 2004.

"De longe: a escrita na intempérie" (2018), o texto que abre este volume e também o mais autobiográfico, o mais narrativo, aquele em que se diluem nitidamente as fronteiras entre o ensaio e o relato da própria experiência, é o terceiro ao qual quero me referir.

Do mesmo modo que em "Direito de propriedade: cenas da escrita autobiográfica", o pontapé inicial dessas reflexões é a pergunta de um crítico, agora não sobre literatura, mas sobre sua própria vida, que a interroga ou a repreende, com relação a suas viagens anuais à Argentina. Também de forma análoga ao que ocorre no texto mencionado, a resposta que dá no momento não a satisfaz e é esta imagem que a pergunta do outro devolve a ela — por que volta?, para que volta? — que a leva a revisar o que significa estar fora, viver entre línguas — uma condição que a acompanha desde criança —, o que significa ter ido embora?, o que significa escrever fora?[5] E também: quais são os modos como volta ou por meio dos quais volta? Perguntas que vai respondendo em uma soma de pequenas cenas que protagoniza, em que se encontram várias das figuras que nomeei no começo como matriciais: o deslocamento, a transposição, o trânsito, que, em seu caso, constituiriam autobiografemas básicos.

Figuras às quais, desde o título, se acrescenta a palavra "intempérie", que já havia aparecido também em um texto estreitamente vinculado a esse: "Dislocación e intemperie: el viaje de vuelta".[6] Esse termo, segundo o dicionário María Moliner, significa "ambiente atmosférico considerado como

---

5   Uma interrogação que está embutida na pergunta sobre o que é uma literatura nacional.

6   Sylvia Molloy, "Dislocación e intemperie: el viaje de vuelta". *Caracol: Revista do Programa de Pós-Graduação em Língua Espanhola e Literaturas Espanhola e Hispano-Americana*. São Paulo: FFLCH-USP, n.10, 2015.

espaço de variações ou inclemências que atingem lugares ou coisas não protegidas ou defendidas por ele".

A definição de Moliner fala da soçobra que o fora produz, do instável, do exposto, por isso o título de Molloy se abriria à pergunta sobre se há um interior da escrita e da língua, se há um dentro, se há um perto; um "suposto imediatismo", não tanto ou não só no sentido territorial, mas no que concerne ao sistema literário do país de origem do escritor. Algo que sintetiza nestas perguntas: "A estrangeiridade de um texto começa na distância geográfica, no uso de outra língua, ou no desvio do olhar crítico? E, por último, que comunidade de leitores e que contexto de leitura o texto do escritor desterrado convoca?".

Porém, é uma palavra que excede o espaço da escrita e também encerra uma inquietude que percorre o texto: o perigo que ser outro implica, sentido pela primeira vez em um escrutínio imigratório, condição que se completaria com a suposta necessidade de *representar* (grifo nosso) esse outro, como um *native informant*, segundo diz. Uma posição que possibilita a ela sair de si mesma e pensar-se parcialmente no interior de uma série americana, a dos intérpretes coloniais — indígenas em sua maioria — que ficam permanentemente suspensos em um entrelugar incômodo e suspeito; na intempérie de um pertencimento e uma fidelidade sempre questionados.

Como em um jogo de espelhos, a demanda de representar o outro frente a determinado "grupo que se quer homogêneo" se complementa com a crença na suposta homogeneidade do grupo que o *native informant* representaria. Essa expectativa Molloy exemplifica com o relato das vezes em que coube a ela explicar a singularidade da literatura argentina frente ao pressuposto norte-americano de que toda a literatura da América Latina corresponde aos paradigmas do realismo mágico. Um pressuposto de longa data que me recorda a queixa de Rubén Darío, quando, em *España contemporánea*, afirma que para os espanhóis "toda a América é *terra quente*". É desnecessário dizer o quão perturbador devem ter sido esses pressupostos para alguém que fez da diferença e da singularidade um eixo estrutural de seu olhar e de sua escrita.

Como destaquei, trata-se de perguntas que vão pontuando pequenas cenas autobiográficas que, ao mesmo tempo, constroem um relato sequencial de suas diferentes partidas e regressos à Argentina, desde o momento em que, aos vinte anos, viaja à França para fazer um doutorado (*La diffusion de la littérature hispano-americaine en France au xxᵉ siècle*), o que já nesse momento evidencia seu interesse pela relação entre duas línguas, dois espaços, dois sistemas literários e duas comunidades de leitores. Uma sequência que se interrompe em uma viagem aos Estados Unidos em 1967, lugar onde acaba ficando, mas no qual persiste um vestígio de estranhamento, traduzido em um hábito repetido que a leva a ler em castelhano palavras em inglês, como, por exemplo, o fato de que cada vez que vê o substantivo "hay" [feno] transforma-o na terceira pessoa do presente do verbo castelhano "haber" [haver]. Sobre isso, escreve: "Depois de anos morando fora, continuo lendo primeiro em castelhano, embora não conte isso para ninguém". Uma "confissão" inquietante para quem se criou bilíngue, ou até mesmo trilíngue, como costuma dizer. Bilinguismo ou trilinguismo que, se às vezes a ajudaram na cena da escrita quando o início era difícil: começar em inglês para depois passar ao castelhano, geraram nela desde a infância uma sensação ambígua de não pertencer completamente a uma cultura ou a uma língua, ou de ter consciência de que o que se diz em uma língua "está sempre sendo dito em *outro* lugar, em muitos lugares". Uma sensação que remete ao que Edward Said descreveu como a consciência contrapontística do exilado. De minha parte, me pergunto se esse comentário, feito por uma bilíngue, não estaria afirmando o castelhano como língua primeira ou dominante.

O texto deriva para um relato de diferentes regressos literais e simbólicos, em que os episódios vitais e sua reelaboração literária se confundem. Nesse sentido, diante da incerteza sobre os motivos do retorno como também sobre o lugar ao qual regressa, Molloy se afasta da lógica vital e chega à conclusão de que o que ela faz é construir ficções de regresso.

É assim que o trauma que o atentado às Torres Gêmeas em 2001 gera, momento em que o barulho, mas também o silêncio ou a persistência de um céu azul — próprio da primavera argentina — em pleno outono nova-iorquino, uma contaminação de tempo e espaço que a remetem a Buenos Aires, são as circunstâncias que situa na origem de *Varia ima-*

ginación,[7] o primeiro de uma série de "livros pequenos" de caráter memorialístico.

Gostaria agora de voltar a uma passagem do ensaio "De longe: a escrita na intempérie", que se desloca das linhas centrais que o estruturam (o deslocamento, a intempérie, o bilinguismo, a transposição etc.) e põe em cena outra noção-chave no sistema interpretativo de Sylvia Molloy. Refiro-me à pose. Retomo o episódio da imigração, em que sente o perigo de ser outra diante do olhar inquisitorial do funcionário da alfândega que, ao se deparar com uma edição francesa de *Tristes trópicos*, com a legenda *"Tous droits réservés, y compris l'URSS"* [Todos os direitos reservados, inclusive na URSS], que encontra na bagagem de Molloy, uma viajante latino-americana, dá como certo que se trata de um livro subversivo.

Escavando, o funcionário encontra um peso para papéis em cujo interior há uma borboleta empalhada. Assustado e encantado, ele comenta com um colega: *"Look, Bill, what the girl has in her suitcase"* [Olha o que a garota tem na mala, Bill]. Molloy escreve sobre isso: "Assegurei a ele que era proveniente de 'my country' [meu país] e sem mais entrei no país, sob o signo do realismo mágico".

O breve comentário é chamativo porque nesse momento Sylvia Molloy *posa* de latino-americana, se vale da borboleta para posar um pertencimento, exacerbar uma visibilidade "tropical" alheia à sua origem argentina, mas que lhe vale como um salvo-conduto para entrar nos Estados Unidos. Posa a imagem de latino-americanidade que correspondia aos desejos desse burocrata e, por meio dessa finta, abre caminho, cruza a fronteira.

E é o conceito de pose aquele em torno do qual se organizam alguns dos ensaios de *Poses de fin de siglo: desbordes del género en la modernidad*, reunião de textos publicados entre meados dos anos 1990 e início dos anos 2000,[8] ensaios nos quais os corpos dos escritores ocupam o centro da cena. Corpos que não somente se deixam ver, mas sim que *se dão a*

---

7 Sylvia Molloy, *Varia imaginación*. Rosário: Beatriz Viterbo, 2003.

8 Conjunto de textos do qual, em boa medida, "'Uma tosca estatueta de barro': figuração de Alejandra Pizarnik", de 2014, incluído neste livro, é tributário.

ver desde o momento em que exacerbam, radicalizam certa gestualidade, certas marcas. Ou seja, *posam* diante e para o olhar do outro, porque, como escreve: "No século XIX, as culturas são lidas como corpos [...]. Por sua vez, os corpos são lidos (e se apresentam para ser lidos) como declarações culturais".

Se essa frase é iluminadora para entender todo o século XIX na América Hispânica, seus sistemas de inclusão e exclusão na formação dos Estados nacionais, como também os imaginários dos quais esses sistemas partem e para os quais apontam, Molloy focaliza sua leitura em um momento específico: o da entrada da América Latina na modernidade. Essa modernidade desigual, "desencontrada", que a caracteriza e na qual estão em jogo a filiação a certa literatura europeia — a do decadentismo —, como também a percepção do expansionismo norte-americano. Um período no qual o centro da cena literária está ocupado pelo "modernismo", movimento orbital e inescapável para a literatura latino-americana de língua castelhana (canônico há muitos anos), cuja importância Molloy sintetiza ao qualificá-lo como "a primeira reflexão conscientemente *literária* na América Latina". Um movimento do qual participam escritores de diversos países do continente e que reúne nomes como Rubén Darío, José Martí, José Asunción Silva, Julián del Casal, entre outros, como também, em alguma medida, o ensaísta uruguaio José Enrique Rodó.

É então nesse contexto que a ensaísta se detém para interpretar algumas cenas textuais, em que os escritores modernistas leem simultaneamente com fascínio e *ansiedade* (uma categoria que aparece recentemente nesses textos e que não se limitaria aos escritores, mas englobaria também os leitores do fim do século XIX) os escritores europeus que admiram, mas também os inquietam, porque se desviam da norma heterossexual, ou porque suas condutas sexuais são escandalosas para a América Hispânica do fim do século XIX. Um conjunto que inclui, entre outros, Oscar Wilde, Verlaine,[9] María Bashkirtseff, Huysmans ou Lautréamont. Uma posição que também se deixa ler na famosa crônica de Martí

---

9   Em um dos capítulos não selecionados para este livro, a ensaísta se detém na leitura que Darío faz do corpo de Verlaine.

sobre Walt Whitman, em que o cubano oblitera o tema da homossexualidade do poeta norte-americano.

Sendo assim, se, por um lado, ela lê as posições ambíguas dos modernistas sobre os decadentistas europeus, por outro, se centra na leitura que Rodó faz sobre Rubén Darío, cuja poesia admira, mas na qual vislumbra uma ameaça derivada da sensualidade da língua de Darío, a qual, por seu caráter lânguido, suave, "feminino" (os tons médios defendidos por Darío), se tornaria um artefato perigoso em um momento em que "a América Latina teme perder sua precária identidade diante da ameaça dos Estados Unidos", segundo aponta a ensaísta.

É desse ponto de vista que Darío, reconhecido como mestre por seus pares e admirado também por Rodó, não pode ser considerado como o poeta da América, uma América a cuja juventude, alguns anos mais tarde, Rodó dedica *Ariel*, seu famoso ensaio que aponta para a formação de uma juventude continental "forte" (o adjetivo é de Molloy, que o coloca entre aspas).

É essa complexa e contraditória rede de cruzamentos, desejos e ansiedades convergentes que Sylvia Molloy lê da perspectiva da pose. Explico-me: enquanto a crítica canônica leu a relação dos modernistas, em particular Darío, com o decadentismo como uma pose que o poeta superará em um segundo momento, Molloy se afasta dessa perspectiva e lê a *pose* como "gesto decisivo na política cultural" da América Hispânica do fim do século XIX. Um gesto que politiza o conceito, ao considerá-lo como uma força desestabilizadora que, se não é a voz "representativa" de todo o continente, essa voz que se queria heroica e varonil, representa *uma* de suas muitas vozes.

Novamente, sua perspectiva surpreende pois, a partir de uma torsão, a do lugar dos corpos e a da política do desejo, põe em destaque um aspecto do modernismo que a crítica havia ignorado. Entretanto, o que merece destacar-se é que sua leitura não contradiz as interpretações "estabelecidas" sobre o movimento, e sim volta a dizer as "contradições do modernismo" ou os "desencontros da modernidade" ou as "máscaras do modernismo" a partir de outro lugar, a partir do lugar dos corpos na cena literária e política. Diria, então, que Molloy traduz, transpõe, desloca esses qualificativos do que se poderia denominar interpretações macro ou políticas, em sentido estrito, para a singularidade dos corpos ou de alguns corpos.

Por último, gostaria de comentar brevemente a leitura que ela realiza sobre Borges, como também a forma como lê Sarmiento a partir de *Recuerdos de provincia*, porque considero que sua posição diante de um e de outro apresenta alguns aspectos em comum, a partir do momento em que ambos são concebidos simultaneamente como mestres e como interlocutores. Dito isso tanto no que se refere à sua poética crítica como à poética de seus textos ficcionais.

A obra de Borges é um dos objetos centrais e recorrentes dos ensaios da escritora, desde o inicial *Las letras de Borges* (1979), reeditado em 1999 com o acréscimo de cinco ensaios sob o título "Posdata" (quatro deles incluídos nesta edição), passando por diversos textos não recolhidos em livro ou pelo ensaio que dedica a ele em *Citas de lectura*[10] ("Borges, *encore*"). Ou inclusive é a leitura da cena final de "O evangelho segundo Marcos" do escritor argentino que abre "El lector con el libro en la mano", ensaio inicial de *Acto de presencia: la escritura autobiográfica en Hispanoamérica*, publicado em português em *Vale o escrito*, em que não é fortuito que recorra a Borges — que opere um desvio — quando se propõe a ler os modos de leitura e a *autorrepresentação* de Sarmiento.

Como mencionei antes, em vários dos ensaios incluídos neste volume, a ensaísta se pergunta sobre as formas possíveis de voltar a ler Borges, sobre as possibilidades de fazer de seus textos letra viva e não uma inscrição no mármore — "um museu textual", como diz — que tenha deixado de significar, razão pela qual defende que em suas leituras dos últimos anos, posteriores à morte do escritor, seus textos se detêm em resíduos, em detalhes, em pedacinhos, em aspectos que havia deixado de lado anteriormente.

Agora não se trata somente de buscar novos sentidos na obra desse escritor, mas sim, como assinalei, Borges ocupa, para Sylvia Molloy, o lugar de um mestre, posição que ela mesma explicita. Chama-o mestre de desassossego, marginalidade, obliquidades, transposições. Mestre, então, de vários

---

10   Sylvia Molloy, *Citas de lectura*. Buenos Aires: Ampersand, 2017.

dos conceitos que, desde o início, reconhecemos como figuras que operam na crítica dessa ensaísta. Isso nos leva a concluir que Borges é mestre e modelo, mestre de um modo de ler, mas também de um modo de escrever, em quem a relevância narrativa é considerada por ela um procedimento fundador.

Sylvia Molloy defende que Borges não inventa, refere, herda relatos e volta a contá-los. Um tipo de posicionamento diante daquilo que narra que o aproxima de Sarmiento, que, em seus textos ensaísticos ou memorialísticos, recupera, tanto os relatos maternos, o famoso "conta-me minha mãe", como as narrações escritas que provêm de múltiplas fontes.

Trata-se de dois nomes, um no século XX e outro no século XIX, que cumprem uma função similar para a Molloy escritora, que também se vale da memória dos outros, dos relatos herdados para compor seus próprios textos ficcionais, já que os mesmos, como diz sobre Sarmiento, lhe "Servem de impulso textual, de ponto de partida para uma narração que precisa apoiar-se no texto anterior para constituir-se".

Dois escritores que também serão fundamentais na hora de conceber as operações de leitura. Se com "O evangelho segundo Marcos", de Borges, aprende as maneiras como o leitor americano traduz e pratica sua relação com a biblioteca europeia, é Sarmiento quem lhe oferece, nesse mesmo texto, a imagem fundadora do leitor com o livro na mão, que será o pivô de "Sarmiento, leitor de si mesmo em *Recuerdos de provincia*". "Pose primordial do escritor" — como diz — e por isso autobiografema central de que se vale para ler as autobiografias hispano-americanas nos séculos XIX e XX, mas também para o modo como ela se autorrepresenta em *Citas de lectura*.

* * *

Em certo momento de "El ensayo y su tema",[11] César Aira escreve que no ensaio se produz o encontro de dois temas: "isto ou aquilo... e eu. Caso contrário, é ciência ou filosofia". Penso que essa afirmação de Aira descreve de forma sintética

---

11   César Aira, "El ensayo y su tema". *Boletín del Centro de Estudios de Teoría y Crítica Literaria*, Rosário, n. 9, dez. 2001.

e magistral o impulso que rege os textos de Sylvia Molloy que comentamos, os quais, como fui assinalando de uma forma ou de outra ao longo de minha própria leitura, não só estão atravessados pela subjetividade própria do gênero, mas também fazem da marca autobiográfica explícita pequenos relatos sobre sua vida ou inscrições que historiam leituras anteriores sobre o mesmo texto ou a mesma problemática, o movimento constitutivo que os singulariza e define.

Um movimento que voltaremos a encontrar em seus textos de criação, que oscilam entre a memória, a ficção e o ensaio, entre os quais se contam o já mencionado *Varia imaginación* e *Desarticulaciones*, livros que serão publicados também pela Editora 34.

SOBRE A COLEÇÃO

FÁBULA: do verbo latino *fari*, "falar", como a sugerir que a fabulação é extensão natural da fala e, assim, tão elementar e diversa e escapadiça quanto esta; donde também falatório, rumor, diz-que-diz, mas também enredo, trama completa do que se tem para contar (*acta est fabula*, diziam mais uma vez os latinos, para pôr fim a uma encenação teatral); "narração inventada e composta de sucessos que nem são verdadeiros, nem verossímeis, mas com curiosa novidade admiráveis", define o padre Bluteau em seu *Vocabulário português e latino*; história para a infância, fora da medida da verdade, mas também história de deuses, heróis, gigantes, grei desmedida por definição; história sobre animais, para boi dormir, mas mesmo então todo cuidado é pouco, pois há sempre um lobo escondido (*lupus in fabula*) e, na verdade, "é de ti que trata a fábula", como adverte Horácio; patranha, prodígio, patrimônio; conto de intenção moral, mentira deslavada ou quem sabe apenas "mentirada gentil do que me falta", suspira Mário de Andrade em "Louvação da tarde"; início, como quer Valéry ao dizer, em diapasão bíblico, que "no início era a fábula"; ou destino, como quer Cortázar ao insinuar, no *Jogo da amarelinha*, que "tudo é escritura, quer dizer, fábula"; fábula dos poetas, das crianças, dos antigos, mas também dos filósofos, como sabe o Descartes do *Discurso do método* ("uma fábula") ou o Descartes do retrato que lhe pinta J.B. Weenix em 1647, de perfil, segurando um calhamaço onde se entrelê um espantoso *Mundus est fabula*; ficção, não ficção e assim infinitamente; prosa, poesia, pensamento.

projeto editorial SAMUEL TITAN JR/ projeto gráfico RAUL LOUREIRO

SOBRE A AUTORA

Sylvia Molloy nasceu em Buenos Aires em 1938 e viveu nos Estados Unidos por mais de quarenta anos. Doutora em Literatura Comparada pela Sorbonne, lecionou nas universidades de Princeton e Yale e foi professora emérita da cátedra Albert Schweitzer em Humanidades na Universidade de Nova York, onde criou e dirigiu o programa de escrita criativa em espanhol. É autora dos ensaios *Las letras de Borges* (1979), *Acto de presencia* (1996, publicado no Brasil como *Vale o escrito: a escrita autobiográfica na América Hispânica*, 2004), *Poses de fin de siglo: desbordes del género en la modernidad* (2012) e *Citas de lectura* (2017). É igualmente coeditora dos livros *Women's Writing in Latin America* (1991), *Hispanisms and Homosexualities* (1998) e *Poéticas de la distancia* (2006). Publicou ainda os romances *En breve cárcel* (1981, publicado no Brasil como *Em breve cárcere*, 1995) e *El común olvido* (2002), além dos relatos autobiográficos *Varia imaginación* (2003), *Desarticulaciones* (2010) e *Vivir entre lenguas* (2016, publicado no Brasil como *Viver entre línguas*, 2018). Sylvia Molloy faleceu em Nova York, em 14 de julho de 2022.

SOBRE A ORGANIZADORA

Paloma Vidal, nascida em Buenos Aires em 1975, é escritora e ensina Teoria Literária na Universidade Federal de São Paulo. Publicou romances, peças, volumes de contos e de poesia, entre os quais *Algum lugar* (2009), *Mar azul* (2012), *Três peças* (2014), *Dupla exposição* (2016), *Wyoming* e *Menini* (2018). Seus livros mais recentes são os romances *Pré-história* (2020) e *La banda oriental* (2021). Em crítica literária publicou *A história em seus restos: literatura e exílio no Cone Sul* (2004), *Escrever de fora: viagem e experiência na narrativa argentina contemporânea* (2011) e *Estar entre: ensaios de literaturas em trânsito* (2019). É editora da revista *Grumo* (salagrumo.com) e tradutora de autores e autoras latino-americanos, como Clarice Lispector, Adolfo Bioy Casares, Margo Glantz, Tamara Kamenszain, Lina Meruane, Silviano Santiago e Sylvia Molloy.

SOBRE A POSFACIADORA

Adriana Kanzepolsky, nascida em Moisés Ville, Argentina, é professora de Literatura Hispano-Americana na Universidade de São Paulo. Publicou recentemente, entre outros textos, *Tamara Kamenszain*

(Eduerj, 2021) e "Sobre fugacidades e permanências", prólogo à edição brasileira de *E por olhar tudo, nada via*, de Margo Glantz (2021). Sobre Sylvia Molloy, publicou em espanhol "Su 'acumulación primitiva': *Desarticulaciones* de Sylvia Molloy" (*Hispamerica*, 2014). Foi editora do número da revista *Cuadernos de Recienvenido* (2020) em que foi recolhida a palestra "Desde lejos: la escritura a la intemperie", pronunciada originalmente na Universidade de São Paulo e que integra este volume; e igualmente editou o número da revista *Caracol* (2015) em que foi publicado "Dislocación e intemperie: el viaje de vuelta", da mesma autora.

SOBRE A TRADUTORA

Gênese Andrade, nascida em São Paulo, é doutora em Literatura Hispano-Americana pela Universidade de São Paulo, com pós-doutorado em Literatura Comparada pela Unicamp. Professora titular de literatura na Faap (São Paulo), dedica-se em especial ao estudo das vanguardas brasileiras e hispano-americanas. É igualmente tradutora de diversos autores e ensaístas hispano-americanos, como Macedonio Fernández, *Museu do romance da eterna* (2010), e Gonzalo Aguilar, *Hélio Oiticica: a asa branca do êxtase* (2016) e *A máquina performática: literatura no campo experimental* (2017). É autora de *Pagu/Oswald/Segall* (2009), *Vicente do Rego Monteiro* (2013) e "Artistic Vanguards in Brazil, 1917-1967", in *Oxford Research Encyclopedia of Latin American History* (2019). Organizou, entre outros volumes, *Feira das Sextas* (2004) e *Arte do Centenário e outros escritos* (2022), ambos de Oswald de Andrade, *Modernismos 1922-2022* (2022) e *Correspondência Mário de Andrade & Oswald de Andrade* (no prelo). Foi coorganizadora de *Un diálogo americano: modernismo brasileño y vanguardia uruguaya* (2006) e de Oswald de Andrade, *Manifesto Antropófago e outros textos* (2017), além de coordenar, com Jorge Schwartz, a edição atual da obra de Oswald de Andrade pela editora Companhia das Letras. Foi curadora das exposições *Trabalhos de um poeta: Jorge de Lima* (Cedae-Unicamp, 2005), *Pagu/Oswald/Segall* (Museu Lasar Segall, 2009), *100 Orpheu* (Biblioteca Brasiliana Guita e José Mindlin-USP, 2015) e co-curadora da *Ocupação Haroldo de Campos — H LÁXIA* (Itaú Cultural e Casa das Rosas, 2011).

SOBRE ESTE LIVRO

Figurações, São Paulo, Editora 34, 2022 © Sylvia Molloy, 2022 TRADUÇÃO Gênese Andrade PREPARAÇÃO Andressa Veronesi REVISÃO Rafaela Cera PROJETO GRÁFICO Raul Loureiro ESTA EDIÇÃO © Editora 34 Ltda., São Paulo; 1ª edição, 2022. A reprodução de qualquer folha deste livro é ilegal e configura apropriação indevida dos direitos intelectuais e patrimoniais do autor. A grafia foi atualizada segundo o Acordo Ortográfico da Língua Portuguesa de 1990, que entrou em vigor no Brasil em 2009.

CIP — BRASIL. CATALOGAÇÃO-NA-FONTE
(SINDICATO NACIONAL DOS EDITORES DE LIVROS, RJ, BRASIL)

MOLLOY, SYLVIA, 1938-2022
FIGURAÇÕES: ENSAIOS CRÍTICOS / SYLVIA MOLLOY;
ORGANIZAÇÃO DE PALOMA VIDAL; POSFÁCIO DE ADRIANA
KANZEPOLSKY; TRADUÇÃO DE GÊNESE ANDRADE —
SÃO PAULO: EDITORA 34, 2022 (1ª EDIÇÃO).
232 P. (COLEÇÃO FÁBULA)

ISBN 978-65-5525-121-0

1. ENSAIOS ARGENTINOS. 2. ESTUDOS LITERÁRIOS.
I. VIDAL, PALOMA. II. KANZEPOLSKY, ADRIANA.
III. ANDRADE, GÊNESE IV. TÍTULO. V. SÉRIE.

CDD-864A

TIPOLOGIA Abril PAPEL Pólen Natural 80g/m² IMPRESSÃO Edições Loyola, em agosto de 2022 TIRAGEM 3000

EDITORA 34
Editora 34 Ltda. Rua Hungria, 592
Jardim Europa CEP 01455-000
São Paulo — SP Brasil
TEL/FAX (11) 3811-6777
www.editora34.com.br